幼儿园教育活动新设计丛书

幼儿园主题式美术教育活动新设计

主　编

孔起英　王健红

编　者

陈　静	张小萍	陈　会	阮　珏	周雅婷
夏　婷	王晓军	刘　煜	冉　琳	孙莎莎
陈　红	胡　蓓	袁　泉	陈　欣	桑培新
程　石	黄　琼	陈　萱	秦　艳	张　媛

幼儿园主题式美术教育活动新设计

中班

孔起英　王健红　主编

南京师范大学出版社

图书在版编目(CIP)数据

幼儿园主题式美术教育活动新设计. 中班／孔起英,王健红主编. — 南京：南京师范大学出版社，2015.10（2021.9重印）
（幼儿园教育活动新设计丛书）
ISBN 978-7-5651-2208-8

Ⅰ.①幼… Ⅱ.①孔… ②王… Ⅲ.①美术课－学前教育－教学参考资料 Ⅳ.① G613.6

中国版本图书馆CIP数据核字(2015)第158147号

书　　名	幼儿园主题式美术教育活动新设计（中班）
主　　编	孔起英　王健红
丛书策划	魏　丽
责任编辑	吴曼丽
出版发行	南京师范大学出版社
地　　址	江苏省南京市宁海路122号（邮编：210097）
电　　话	（025）83598919（总编办）　83598412（营销部）　83598297（邮购部）
网　　址	http://www.njnup.com
电子信箱	nspzbb@163.com
照　　排	南京凯建图文制作有限公司
印　　刷	江阴金马印刷有限公司
开　　本	787毫米×1092毫米　1/16
印　　张	9.75
字　　数	274千
版　　次	2015年10月第1版　2021年9月第3次印刷
书　　号	ISBN 978-7-5651-2208-8
定　　价	40.00元
出 版 人	张志刚

南京师大版图书若有印装问题请与销售商调换
版权所有　侵犯必究

序 言

"人类发展的目的在于使人日益完善；使他的人格丰富多彩，表达方式复杂多样。"[①]儿童审美教育是全面发展教育不可或缺的组成部分，其终极目标是为儿童将来成为一个人格健全完善的人打下良好的基础。当儿童通过亲身体验、感受自然环境和艺术作品中的情感表现，同时又通过艺术活动表达自己的情感时，即通过艺术欣赏和艺术创造活动，使自己的内心情感和外在形式达到同构时，儿童就会感受到用艺术与别人交流的喜悦，从而获得一种精神上的满足，产生丰富的审美愉悦，一种因自我肯定而产生的愉悦感。这种审美愉悦感又反过来成为儿童进行审美感知和审美创造活动的动力，从而更加丰富其审美情感体验，并由艺术这种符号化的人类情感形式泛化到生活的其他领域，丰富和发展其情感世界，按照美的标准和美的规律，将他们感受世界的审美能力转变为内心需要和自我发展的内在动力，进而成为行为的一种内在自我调节，使其人格得到健全完善的发展。

因此，《幼儿园主题式美术教育活动新设计》丛书倡导美术教育既有其作为手段性的功能，又有其作为目的性的功能，并更强调体现其本质价值的后者。因此，在各个主题活动的设计中，一方面，它强调美术对儿童艺术修养养成和审美情趣的提高的价值。更进一步地说，在美术活动核心目标的设计中，把儿童的创造意识与创造能力的培养和儿童的审美情感、对审美对象的视觉感知能力、想象能力的培养放在核心的地位。另一方面，又挖掘美术教育的"辅德与益智"功能，即强调美术在主题活动中为儿童的身体健康、语言获得、社会交往、科学探究等的发展提供促进作用。那种只注意目的性的美术教育或只注意手段性的美术教育都容易割裂儿童的一体化的发展，

---

① 联合国教科文组织国际教育发展委员会编著，华东师范大学比较教育研究所译：《学会生存——教育世界的今天和明天》，教育科学出版社，1996，P2

因而都是失之偏颇的，也是该套丛书极力避免的。

《幼儿园主题式美术教育活动新设计》丛书在主题教育内容的选择上，遵循《幼儿园教育指导纲要（试行）》指出的教育活动内容选择的总原则：即既适合幼儿的现有水平，又有一定的挑战性；既符合幼儿的现实需要，又有利于其长远发展；既贴近幼儿的生活来选择幼儿感兴趣的事物和问题，又有助于拓展幼儿的经验和视野。而在美术学科内容的选择上，则注意选择那些既符合或揭示人的深层无意识本身的秩序和运动规律，即具有类主体性的结构，又符合儿童自身特定的生活经验、愿望与情趣的对象，同时又关注美术学科文化中对儿童的发展具有重要价值的、有审美情趣的、儿童通过自己的努力又能理解的那些内容。对此，柏拉图已有适切的说明——"就是养成个体能具体地感知到和谐与节奏，因为和谐与节奏渗入一切有生命的躯体与植物的组织中，是一切艺术作品的正式基础，其结构是使儿童在生活与活动中也带有同一有机的优雅与美。借这种教育，我们使儿童知道了'关系的天性'，这种天性，甚至在理智到来之前，便能使儿童判别美的和丑的，善的和恶的，正确的行为模式，高尚的人和鄙野的人。"[2]康定斯基也说"凡是由内在需要产生的，来源于灵魂的东西就是美的。"[3]因此，在具体的主题内容选择中，既引导儿童感受自然事物的生命运动模式；又引导儿童感受具有典型而明显的审美属性的、有情趣的、易理解的优秀艺术作品。例如凡高的作品中色彩明快、线条简练而有力，画面上动与静的对立统一所表现出的生命力，简单而明朗。以他为代表的印象派和后期印象派以及一些现代派的作品易为儿童理解。再如我国民间的一些艺术品如年画、泥人、剪纸、布老虎、陶瓷等具有稚拙感、象征性、装饰性、张力、响亮等特点：天津杨柳青年画印制精细，题材丰富，样式多变，是北方年画的代表，其作品内容通俗明了，形象秀美生动、俊俏传神，色彩鲜艳、明快协调，构图饱满，富有一定的装饰性；苏州桃花坞年画是南方年画的代表，其构图和造型精巧、秀美，用色虽不离红、绿等色，但色调淡雅不俗；无锡惠山泥人形象健康、内容朴实、风格特征鲜明；天津"泥人张"的彩塑形象真实生动，形体结构准确，用色简雅明快，使作品产生端庄和厚重的艺术效果；陕西凤翔的泥玩憨厚朴实，造型饱满圆润，简洁端庄，设色浓艳，清新悦目；北京"兔儿爷"端庄而又稚气，俊秀而又威武，活泼生动，惹人喜爱；布老虎造型完整饱满，用色纯净明亮，表现为原色并列，补色对比，热烈鲜明，更是集中地体现了民间艺术的造型与用色特点……

---

[2] 里德著，吕廷和译：《通过艺术的教育》，湖南美术出版社，1993，P73-P74
[3] 康定斯基著，查立译：《论艺术的精神》，中国社会科学出版社，1987，P70

这些民间艺术与儿童有着某种内在的一致性，是幼儿园主题式美术教育内容的重要来源。

我们在关注儿童对艺术作品、周围环境和生活中的美及其元素的欣赏与感受的同时，也关注儿童源于自己生活需要的个性化的表现与创造，并倡导儿童用自己创造的艺术作品来表达思想情感、美化生活、开展游戏，通过自己对艺术活动的参与与创造更进一步地体会艺术、文化与生活的关系。

该套丛书强调在教育过程中关注儿童在意义形成中的主体地位，强调审美活动过程中的儿童自身的体验。这是一种根本性的、本源意义上的教育，是一种更为深刻、更为本体、更为全面的教育，而非手段、工具意义上的教育。审美教育的过程就是儿童站在自己的生活经验基础上与作为"文本"的"审美文化"相互能动的交往过程。在具体的审美过程中，当儿童对活动过程本身感兴趣时，儿童就能更加积极、热情地参与和投入其中，这样儿童的情感得到了满足，心灵得到了解放并获得自我证实，存在充满快乐，同时儿童的经验不断地重组和更新，获得看待周围事物的新的方式和经验，也获得了精神的成长。这时审美教育的目标就不是由外界强加给儿童的，而是儿童发自内心的需要。卢梭在《爱弥儿》中曾用浪漫的笔触描绘道："如果一个人从未在干燥的原野上跑过，而他的脚也没有被灼热的沙砾烫过，如果他从未领受过太阳从岩石上所反射出的闷人的热气，他怎能领略那美丽的清晨的新鲜空气呢？花儿的香、叶儿的美、露珠的湿润，在草地上软绵绵地行走，所有这些，怎能使他的感官感到畅快呢？如果他还没有经历过美妙的爱情和享乐，鸟儿的歌唱又怎能使他陶醉呢？如果他的想象力还不能给他描绘那一天的快乐，他又怎能带着欢乐的心情去观看那极其美丽的一天的诞生呢？最后，如果他还不知道是谁的手给自然加上了这样的装饰，他又怎能欣赏自然的情景的美呢？"[④]

因此，在美术欣赏活动中，要注重儿童自身的审美体验与艺术想象等方面，强调儿童与审美对象的对话；应让儿童去看、去听、去体验、去思考；让儿童的感知、想象、情感、思维、灵感、无意识等多种心理因素在相互的渗透、补充、综合、交叉的整体中起复合作用；鼓励儿童不要拘泥于教师的解释，甚至不必拘泥于创作者原有的创作意图，而是通过对话，不断地探求和询问，并根据自己对作品所传达的信息的体验和理解，充分发挥想象力、创造力，用语言的、表情的、身体动作的等多种方式发表自己的见解，实现两种视界的融合，用自己的方式创造一个属于自己的意义世界。

---

④　卢梭著，李平沤译：《爱弥儿》，商务印书馆，1996，P218

经过对大自然中无数崇高、细腻、曲折、变化的运动模式和秩序的陶冶和熏陶，通过艺术作品与内心之间的无数次的相互作用，种种生命的运动模式与种种复杂的人类内在情感体验之间的一一对应便会在感知中变得稳定、持久和巩固。在这种情况下，一旦特定的外在形式落在视野之内，儿童便会通过审美知觉自然地选择，与特定的内心情感模式联系起来，引起某种特定的感受，对美的敏感性也由此产生。

在艺术创作活动中，倡导不给儿童提供明确的解决问题的途径，而是注重问题情境的创设，注重根据儿童的最近发展区来设置每个儿童的发展目标（甚至目标本身也可以由儿童自己来设置），让儿童在目标和问题情境之间通过自己的思考寻求解决问题的策略；当儿童遇到困难时，强调作为引导者、支持者的教师对儿童学习特点和问题本身的深入的理解，用启发的方式、提问题的形式给予他们线索启迪，引导他们观察、体验、想象，并提供技术的支持。但教师始终应明白，"无论何种技术，其应用不应该是为技术而技术，而应该以促进艺术学习成功与否，以学生达到艺术的和智慧的目标如何来衡量。技术的目标不在于学生使用某特定技术的程度如何，而应该以增强学生在丰富的新资源和新信息中融会贯通和建构新意义的能力为宗旨。其有效的成果应该表现在学生对技术手段、艺术技法和艺术追求之间关系的透彻理解。"⑤为此，我们反对用简笔画的方式来开展教学活动。这种做法只会使儿童在学习过程中丧失视觉感知、审美想象与情感以及艺术创造能力等等发展的机会，更有甚者，使得儿童对于艺术的独特性和创造性的观念与意识的缺失。

该套丛书还关注对儿童艺术的评价。强调评价的发展功能与内在的激励机制，即用以人为本的态度，激发儿童对美术学习活动的兴趣，鼓励他们自信地参与美术学习活动，并在这一基础上得到进一步的发展。也就是说，让儿童人人积极参与美术学习活动，个个在自己原有的基础上获得不同程度的发展，能拿着自己的"杯子"用自己的方法不断地找到适合他自己的"水"，即要求儿童能够自主地学习，形成"可持续发展"学力。具体的评价要注意将过程评价与作品评价相结合。过程评价要求关注儿童在美术创作过程中的表现，注意儿童学习的主动性、独立性、专注程度和努力程度等方面的表现。例如，在主动性方面，如果儿童的美术活动常常是在成人的要求下才愿意进行，甚至拒绝参加美术活动，那么可以说明儿童的主动性较差，而如果儿童在选择游戏时，常常主动选择美工角的活动，或者在教师布置任务时就跃跃欲试，那么可以说明该儿童对美术活动有兴趣，是主动的。当然儿童的上述各方面的表现并非是

---

⑤ 刘沛译：《美国艺术教育国家标准》，载《中国美术教育》1/1999，P47

非此即彼的情况，应该还存在着许多的中间状态。为此，成人应作仔细的观察与分析才可以得出符合儿童真实情况的判断，并将对儿童的评价过程融合在对儿童美术学习活动的指导之中。

在关注儿童活动过程的同时，教师也要关注其美术作品，因为作品是他们在美术活动中自我建构的艺术产物，是儿童操作美术媒介创造出的可视的平面或立体的艺术形象，表达其对周围事物的认识与感受的一种形式。儿童的美术作品的内容与形式因其年龄的不同而有差异，反映了儿童多项发展的特质。所以，对作品进行评价仍然有它的价值。对于作品的评价，既可以由教师来进行，也可以由儿童来进行。让儿童观赏同伴的艺术作品，了解别人的创作，有助于儿童向同伴学习。儿童对自己作品的自述可以让儿童反思自己的创作，起到自我提高的作用。教师对儿童美术作品评价的价值主要是在培养儿童审美评价能力方面起到正确的导向作用，也就是通过具体的作品的讲解，让幼儿明白怎样去评价一幅美术作品，其目的在于为儿童评价能力的发展提供"支架"，最终让儿童获得自主的审美评价能力。这种评价特别要注意从儿童个体的纵向发展的角度来积极地、具体化地评价，应尽可能地发现儿童美术作品中的优点，但这种优点应该是具体的、确实存在的，而不是泛泛的表扬。同时，对其不足之处提出建设性建议，用儿童的"长项带动弱项"，从而形成对美术活动的兴趣。

南京师范大学　孔起英

目 录

上学期

主题一　游山玩水去

活动 1　我见过的美景（欣赏）/ 004

活动 2　水天一色（水彩画）/ 005

活动 3　彩云漫天（水彩画）/ 007

活动 4　碧波荡漾（水彩画）/ 008

活动 5　五彩池（水彩画）/ 010

活动 6　软软的沙滩（水粉画）/ 012

活动 7　高高的山峰（水粉画）/ 013

活动 8　美丽的大地（水粉画）/ 014

活动 9　烟雨蒙蒙（水彩画）/ 015

主题二　秋色胜似春

活动 1　我眼中的秋天（交流）/ 022

活动 2　秋色胜似春（欣赏、水粉画）/ 023

活动 3　金灿灿的稻田（水粉画）/ 025

活动 4　秋天的原野（水粉画）/ 026

活动 5　一片大大的叶子（水粉画）/ 028

活动 6　落叶满地（蜡笔画）/ 029

活动 7　一朵盛开的小菊花（水粉画）/ 031

活动 8　柿子熟了（水粉画）/ 032

主题三　奇妙之旅

活动 1　神气的我去旅行（蜡笔画）/ 038

活动 2　带上爸爸妈妈一起出发啦（蜡笔画）/ 039

活动 3　大头娃娃的王国（蜡笔画）/ 041

活动 4　啤酒肚肚的庄园（蜡笔画）/ 042

活动 5　肥婆肥妈的村庄（蜡笔画）/ 044

活动 6　巨人国里来相聚（蜡笔画）/ 045

活动 7　魔镜王国来狂欢（蜡笔画）/ 047

主题四　开心乐园

活动 1　开心游乐园（交流）/ 054

活动 2　宝宝照张大头贴（绘画）/ 055

活动 3　发型设计馆中显身手（线描画）/ 057

活动 4　爸爸妈妈来合影（绘画）/ 058

活动 5　欢乐谷中笑哈哈（线描画）/ 060

活动 6　好可怕的图腾（水粉画）/ 061

活动 7　走进鬼脸城（制作）/ 064

活动 8　疯狂一家人（绘画）/ 065

下学期

主题五　我们班的饲养角

- 活动1　班级饲养角养点啥（谈话）/ 070
- 活动2　我的观察记录本（装饰）/ 071
- 活动3　我给小金鱼画张像（观察记录）/ 072
- 活动4　爱吃肉的小乌龟（绘画）/ 074
- 活动5　神气的大螃蟹来啦（蜡笔画）/ 076
- 活动6　毛茸茸的小鸡（水粉画）/ 078
- 活动7　鸡妈妈和一群可爱的小鸡（绘画）/ 080
- 活动8　小蝌蚪变青蛙（连环画）/ 081

主题六　桃红柳绿

- 活动1　小小摄影师（交流）/ 088
- 活动2　飞舞的花瓣（水粉画）/ 089
- 活动3　小小桃树林（水粉画）/ 090
- 活动4　桃花朵朵开（水粉画）/ 092
- 活动5　柳树姑娘辫子长（水粉画）/ 094
- 活动6　一丛紫荆花（水粉画）/ 096
- 活动7　紫藤萝（水粉画）/ 098
- 活动8　一片白桦林（水粉画）/ 100

主题七　开心农场

- 活动1　欢乐的农场（讨论）/ 106
- 活动2　一起建个小农场（小组合作）/ 107
- 活动3　一群可爱的小鸡（泥塑）/ 109
- 活动4　追逐嬉闹的小鸭（泥塑）/ 111
- 活动5　肥嘟嘟的小猪（泥塑）/ 112
- 活动6　一只小花狗（泥塑）/ 114
- 活动7　长耳朵的小兔（泥塑）/ 115
- 活动8　小象鼻子长又长（泥塑）/ 117
- 活动9　我们的农场（亲子）/ 118

主题八　我们的饰品秀

- 活动1　绚丽饰品展（欣赏）/ 124
- 活动2　小发夹大变身（制作）/ 125
- 活动3　多彩太阳帽（制作）/ 128
- 活动4　时尚的眼镜（制作）/ 130
- 活动5　串珠手链（制作、装饰）/ 132
- 活动6　好美的项链（设计、欣赏）/ 134
- 活动7　做串项链送妈妈（制作）/ 137
- 活动8　别具一格的腰带（制作）/ 138
- 活动9　我型我秀（亲子表演）/ 140

主题一
游山玩水去

主题活动

活动名称	区域活动	日常活动	游戏活动	家园共育
我见过的美景（欣赏）	收集图片进行布置、展览	同伴间相互交流外出游玩的情景	游戏"跟着云儿去旅行"	和家长一起制作,欣赏、交流图片
水天一色（水彩画）	欣赏各种色彩的水	尝试使用底纹笔	科学游戏"会变魔术的水"	和家长共同寻找相关图片
彩云漫天（水彩画）	欣赏各种色彩、形状的云	说说见过的漂亮云彩	动作游戏"变成一朵美丽的云"	有意识地引导幼儿观察天空中云彩色彩及形状的变化
碧波荡漾（水彩画）	观察水面、湖面激起的波纹	说说被风吹过的水面是什么样	玩水	与家长观察湖面、水面的波纹并学习用语言描述
五彩池（水彩画）	收集五彩池图片进行布置、展览	交流自己收集的图片并介绍	继续在美术区域练习用同种色刷出深浅不同的底色	家长向幼儿介绍五彩池的奇特景象
软软的沙滩（水粉画）	欣赏海边沙滩图片	谈话:美丽的沙滩	玩沙	家长与孩子共同说说在沙滩边的感受,丰富幼儿的感性经验
高高的山峰（水粉画）	观察、收集各种山峰的图片和照片	交流:你见过的山峰是什么样的	游戏"五指山"	利用节假日带领孩子去爬山,感受登上山顶的自豪感
美丽的大地（水粉画）	欣赏大地图片,尝试用水粉笔刷底纸	观察大地与天空	游戏"我们的祖国"	外出游玩时有意识引导幼儿观察大地的色彩
烟雨蒙蒙（水彩画）	欣赏图片,鼓励幼儿创作作品	大胆介绍自己的作品,与同伴分享创作的快乐		雨前雨后引导幼儿观察大自然

上学期 主题一 游山玩水去

设计思路

每一年的暑假，家长都会带孩子去祖国各地旅游、度假。开学后，他们会将旅游时拍摄的照片带到幼儿园和大家分享。本主题以对幼儿旅游的风景照片的分享和欣赏为切入口，以幼儿游玩的足迹为主要线索，通过色彩的涂抹、点画等方法表现大自然中的天空、大地、高山、流水等美景，感受色彩的丰富和涂抹过程带来的快乐。

核心目标

1. 通过收集、分享、交流和欣赏，感受天空、大地、高山、流水等自然风景的美。
2. 学习用点彩、涂染等方法和深浅、浓淡不同的色彩来表现自己喜欢的景色，感受色彩的丰富和大自然的美。
3. 能用丰富的词汇、较完整的语言来表达自己对自然景物的认识和感受。
4. 进一步学习水彩笔和水粉颜料的使用方法，养成良好的操作习惯。

经验准备

1. 有条件的家长可带幼儿去海边，引导幼儿观察山水、天空、大地、树林、草地、沙滩等自然景色，并尝试用照相机拍摄自己眼中美丽的风景，将照片带到幼儿园和小朋友一起欣赏。
2. 家长带幼儿去公园玩，欣赏天边美丽的云霞；去湖边划船，观察荡漾的水波；有条件的还可以带着幼儿在雨中散步，感受雨天大自然的变化。
3. 有使用水粉笔、底纹笔的经验，会使用水粉笔和颜料绘画简单的点和线条。

物质准备

1. 教师：水粉颜料（朱红、藤黄、玫瑰红、橘黄、深红、柠檬黄、湖蓝、浅绿、草绿、青莲、群青、普蓝、白色、红蓝、紫黄、红黄、白咖、白玫、蓝青、熟褐、墨绿、中绿、橄榄绿、土黄、赭石、橘红、大红、紫罗兰）；水彩颜料（朱红、藤黄、玫瑰红、橘黄、深红、柠檬黄）；三号底纹笔（20支），2号、5号水粉笔（各20支），调色盘（20个），抹布（20块）。
2. 幼儿：每位幼儿带两张山水图片（或照片）。

活动设计

活动1 我见过的美景（欣赏）

▶ **活动目标**

1. 通过收集、介绍、归纳、整理以及作品欣赏，感受天空、大地、高山、流水等自然景色的美。
2. 学习用清楚、简洁的语言介绍自己带来的风景照片，感受与同伴分享的快乐。

▶ **活动准备**

1. 经验准备：幼儿有外出游玩的经验。
2. 物质准备。
- 每个家长将假期中游览拍摄的照片汇集成册，教师将它们布置成展板。
- 收集天空、大地、高山、流水、沙漠和海滩的图片，制作成PPT。
- 收集相关的画家绘画作品，制作成PPT。

▶ **活动过程**

1. 小组自由交流假期里游览的景色。
- 教师：假期里你去了哪里呢？那里的景色怎么样？跟你的朋友说一说。
2. 集体交流，学习用清楚、简洁的语言介绍自己带来的风景照片，感受与同伴分享的快乐。

- 教师：请介绍一下自己带来的照片，说一说你去了哪里玩，和谁一起去的。
- 教师：照片里最美的地方是哪里？看到这么美的景色，你的心情怎么样？
- 师幼共同小结：小朋友给我们介绍了那么多美丽的景色，有的是天空，有的是大地，有的是高山，有的是流水……
3. 欣赏PPT，重点感受天空、大地、高山、流水等自然景色的美。
- 教师：我们一起来欣赏一些游山玩水的图片。（天空、大地、高山、流水等）
- 教师：你最喜欢哪个景色？它（天空、大地、高山、流水等）是什么样子的？什么颜色的？像什么？
- 师幼小结：大自然真美啊，天空是……像……大地是……像……高山是……像……大海（河流）是……像……（外形），大自然里这些景物的颜色丰富多彩，有……有……（色彩），当我们去游山玩水时，心情非常愉悦、舒畅。
4. 欣赏画家作品，进一步感受绘画作品里大自然的美丽景色，引发幼儿思考。
- 教师：画家画了什么？它是什么样子的？画家是怎么画出来的呢？

设计要点：幼儿"游山玩水"的经验对欣赏、交流很有帮助，拓宽了幼儿的眼界，丰富了幼儿的经验，使得交流的内容很丰富，交流的兴致很浓厚。选择的欣赏图片最好是一些纯美的景色图片，以给幼儿强烈的视觉冲击力，引发幼儿的兴趣。

教学建议

- 区域活动：收集图片进行布置、展览。
- 日常活动：幼儿相互交流外出游玩的情景。
- 游戏活动：游戏"跟着云儿去旅行"。
- 家园共育：和家长一起制作，欣赏、交流图片。

活动 2　水天一色（水彩画）

活动目标

1. 通过观察、比较、欣赏和交流，了解水天相接的辽阔景象，感受"水天一色"的美。
2. 学习用底纹笔和不同浓淡的色彩刷出"水天一色"的景象。
3. 能协助教师摆放和收拾工具材料，养成良好的操作习惯。

活动准备

1. 经验准备：观察过天空、河流、大海的图片，知道流水在被太阳照耀、被风吹过后的变化。
2. 物质准备。
   - 教具："水天一色"的图片PPT。
   - 学具：铅画纸，水彩颜料（湖蓝、浅绿、草绿、朱红、橘黄、玫瑰红），三号底纹笔。

▶ **活动过程**

1. 谈话，调动幼儿已有经验，引发幼儿参与活动的兴趣。
   - 教师：你们看过的水是什么样的？在哪里见过水？它是什么颜色？
2. 欣赏PPT，感知水天相接的辽阔景象，感受"水天一色"的美。
   - 教师：你看到的水有哪些颜色？为什么不一样？
   - 教师：水平面平静时是什么样子的？像什么？风吹时是什么样子的呢？像什么？
   - 教师：为什么水看上去会亮亮的？（日照）
   - 教师：当我们远远看去的时候，水和天空怎么样了？给你什么样的感觉？
   - 小结：今天我们看到了水有各种颜色，有……有……水平面平静时和风吹水面时水的样子也不一样……太阳照在水面上，会……当我们远远看去的时候，水天相接、水天一色，让你感觉……
3. 欣赏教师作品，师幼共同交流、讨论作画方法。
   - 教师：你觉得老师的画是用什么画的？（画纸、底纹笔、水彩颜料、清水）怎么画出来的呢？
   - 教师：仔细看看老师是怎么画的吧。（教师示范：先用底纹笔蘸清水将整张纸刷一遍，再用底纹笔在纸的上半部刷上蓝色，下半部刷上绿色，最后再用底纹笔蘸清水将整张纸轻轻刷一遍）
4. 幼儿创作，教师指导。
   - 教师：你们也来画一幅水天相接的画吧，先刷一层什么？最后还要刷一层什么呢？（清水）如果底纹笔上颜料蘸得太多，怎么办？（在颜料盘上捺一捺）
5. 展示、交流幼儿的作品。
   - 教师：怎样画出浓淡不同的颜色呢？

设计要点：本活动要让幼儿充分感受"水和天"颜色的丰富和水天相接的壮观。创作时虽然只是简单地刷色，但是色彩的控制很重要，教师应尽可能在一个调色盘中配备一些同种色，但是不同小组可以提供不同色系，这样幼儿创作出来的作品既丰富又和谐。切记不要用调好的颜料水，要先刷清水，再画天空和水色的变化。

▶ **教学建议**

- 区域活动：欣赏各种色彩的水。
- 日常活动：尝试使用底纹笔。
- 游戏活动：科学游戏"会变魔术的水"。
- 家园共育：和家长共同寻找相关图片。

活动3 彩云漫天（水彩画）

▶ 活动目标

1. 通过观察、比较、交流、归纳和欣赏，了解彩云丰富的色彩和形态，感受彩云满天的绚丽。
2. 继续学习用底纹笔和不同浓淡的色彩刷出一片天空，并用点、线或一些小的块面表现天空的云彩。
3. 学习有序地使用底纹笔和颜料，养成有序操作的习惯。

▶ 活动准备

1. 经验准备：幼儿看过彩云满天的景象，知道彩云满天是如何形成的。
2. 物质准备。
- 教具："彩云漫天"图片PPT，背景音乐。
- 学具：水彩颜料（朱红、藤黄、玫瑰红、橘黄、深红、柠檬黄），底纹笔，铅画纸。

▶ 活动过程

1. 教师提问调动幼儿已有经验，初步了解云朵的色彩和形态，引发幼儿参与活动的兴趣。
- 教师：你见过天空中的云吗？
- 教师：云是什么颜色的，是什么样的？
2. 逐图欣赏PPT，通过观察、比较、交流、归纳和欣赏了解彩云丰富的色彩和形态，感受云霞满天的绚丽。

- 教师：今天，老师准备了一些图片，我们一起来欣赏。
  （1）重点引导幼儿欣赏云朵的丰富色彩和形态。
- 教师：云有哪些颜色呢？是一样的红色吗？怎么会有这些颜色的？
- 教师：太阳会把云变成各种不同的颜色，真漂亮！（颜色）
- 教师：那云都是什么样的呢？像什么一样？用小手来画一画。（形态）
- 小结：太阳会把云变成各种不同的颜色，有……有……云朵的样子特别有趣，有的一朵一朵，密密小小，像……有的一丝一丝，宽宽窄窄，像……有的一团一团，大大小小，像……有的一片一片，融在一起，像……

（2）欣赏莫奈作品，进一步感受云霞满天的绚丽情景。
- 教师：有一位叫莫奈的画家，他画下了心中的云，他是怎么画的？

3. 交流创作思路，讨论怎样用底纹笔和不同浓淡的色彩刷出一片天空，幼儿作画。

（1）讨论创作思路。
- 教师：今天请小朋友来画天空中的云，你想怎么画？
- 教师：准备用什么方法？（有颜料和水）
- 教师：用什么来表现你心中的云彩？（点、线、块面）
- 教师：怎样才能让云彩和天空的颜色区分开来？（云彩和天空的颜色不一样）

（2）幼儿创作，教师指导。

4. 展示、交流幼儿的作品。
- 教师：你画的云彩是什么样子的？你是怎么画的？

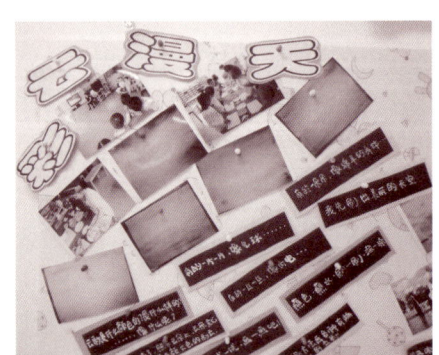

设计要点：本活动是让幼儿运用简单的点和线来表现天空中的彩云。幼儿提前刷好天空，在有背景的作业纸上创作彩云，画面效果会更好。切记：幼儿绘画前要将作业纸刷上水，这样云彩会和天空融为一体。

▶ **教学建议**
- 区域活动：欣赏各种色彩、形状的云。
- 日常活动：说说所见过的漂亮的云彩。
- 游戏活动：动作游戏"变成一朵美丽的云"。
- 家园共育：有意识地引导幼儿观察天空中云彩色彩及形状的变化。

活动4 碧波荡漾（水彩画）

▶ **活动目标**

1. 通过观察、比较、交流和欣赏，了解湖水在风吹、日照下的变化，感受湖水丰富的色彩和"碧波荡漾"的动态美。
2. 继续学习用底纹笔、水粉笔和不同浓淡的色彩画出一片多彩的湖水，并尝试用白色颜料甩出水珠或水波。
3. 能与同伴共享操作材料和空间，享受共同作画的快乐。

▶ **活动准备**

1. 经验准备：幼儿观察过水面被风吹过激起的波浪及流水的波纹。

> **设计要点**：幼儿"游山玩水"的经验对欣赏、交流很有帮助，拓宽了幼儿的眼界，丰富了幼儿的经验，使得交流的内容很丰富，交流的兴致很浓厚。选择的欣赏图片最好是一些纯美的景色图片，以给幼儿强烈的视觉冲击力，引发幼儿的兴趣。

▶ 教学建议

- 区域活动：收集图片进行布置、展览。
- 日常活动：幼儿相互交流外出游玩的情景。
- 游戏活动：游戏"跟着云儿去旅行"。
- 家园共育：和家长一起制作，欣赏、交流图片。

活动 2　水天一色（水彩画）

▶ 活动目标

1. 通过观察、比较、欣赏和交流，了解水天相接的辽阔景象，感受"水天一色"的美。
2. 学习用底纹笔和不同浓淡的色彩刷出"水天一色"的景象。
3. 能协助教师摆放和收拾工具材料，养成良好的操作习惯。

▶ 活动准备

1. 经验准备：观察过天空、河流、大海的图片，知道流水在被太阳照耀、被风吹过后的变化。
2. 物质准备。
   - 教具："水天一色"的图片PPT。
   - 学具：铅画纸，水彩颜料（湖蓝、浅绿、草绿、朱红、橘黄、玫瑰红），三号底纹笔。

▶ 活动过程

1. 谈话，调动幼儿已有经验，引发幼儿参与活动的兴趣。
   - 教师：你们看过的水是什么样的？在哪里见过水？它是什么颜色？
2. 欣赏PPT，感知水天相接的辽阔景象，感受"水天一色"的美。
   - 教师：你看到的水有哪些颜色？为什么不一样？
   - 教师：水平面平静时是什么样子的？像什么？风吹时是什么样子的呢？像什么？
   - 教师：为什么水看上去会亮亮的？（日照）
   - 教师：当我们远远看去的时候，水和天空怎么样了？给你什么样的感觉？
   - 小结：今天我们看到了水有各种颜色，有……有……水平面平静时和风吹水面时水的样子也不一样……太阳照在水面上，会……当我们远远看去的时候，水天相接、水天一色，让你感觉……
3. 欣赏教师作品，师幼共同交流、讨论作画方法。
   - 教师：你觉得老师的画是用什么画的？（画纸、底纹笔、水彩颜料、清水）怎么画出来的呢？
   - 教师：仔细看看老师是怎么画的吧。（教师示范：先用底纹笔蘸清水将整张纸刷一遍，再用底纹笔在纸的上半部刷上蓝色，下半部刷上绿色，最后再用底纹笔蘸清水将整张纸轻轻刷一遍）
4. 幼儿创作，教师指导。
   - 教师：你们也来画一幅水天相接的画吧，先刷一层什么？最后还要刷一层什么呢？（清水）如果底纹笔上颜料蘸得太多，怎么办？（在颜料盘上掭一掭）
5. 展示、交流幼儿的作品。
   - 教师：怎样画出浓淡不同的颜色呢？

> **设计要点**：本活动要让幼儿充分感受"水和天"颜色的丰富和水天相接的壮观。创作时虽然只是简单地刷色，但是色彩的控制很重要，教师应尽可能在一个调色盘中配备一些同种色，但是不同小组可以提供不同色系，这样幼儿创作出来的作品既丰富又和谐。切记不要用调好的颜料水，要先刷清水，再画天空和水色的变化。

▶ 教学建议

- 区域活动：欣赏各种色彩的水。
- 日常活动：尝试使用底纹笔。
- 游戏活动：科学游戏"会变魔术的水"。
- 家园共育：和家长共同寻找相关图片。

活动3 彩云漫天（水彩画）

▶ 活动目标
1. 通过观察、比较、交流、归纳和欣赏，了解彩云丰富的色彩和形态，感受彩云满天的绚丽。
2. 继续学习用底纹笔和不同浓淡的色彩刷出一片天空，并用点、线或一些小的块面表现天空的云彩。
3. 学习有序地使用底纹笔和颜料，养成有序操作的习惯。

▶ 活动准备
1. 经验准备：幼儿看过彩云满天的景象，知道彩云满天是如何形成的。
2. 物质准备。
- 教具："彩云漫天"图片PPT，背景音乐。
- 学具：水彩颜料（朱红、藤黄、玫瑰红、橘黄、深红、柠檬黄），底纹笔，铅画纸。

▶ 活动过程
1. 教师提问调动幼儿已有经验，初步了解云朵的色彩和形态，引发幼儿参与活动的兴趣。
- 教师：你见过天空中的云吗？
- 教师：云是什么颜色的，是什么样的？
2. 逐图欣赏PPT，通过观察、比较、交流、归纳和欣赏了解彩云丰富的色彩和形态，感受云霞满天的绚丽。

- 教师：今天，老师准备了一些图片，我们一起来欣赏。
  （1）重点引导幼儿欣赏云朵的丰富色彩和形态。
- 教师：云有哪些颜色呢？是一样的红色吗？怎么会有这些颜色的？
- 教师：太阳会把云变成各种不同的颜色，真漂亮！（颜色）
- 教师：那云都是什么样的呢？像什么一样？用小手来画一画。（形态）
- 小结：太阳会把云变成各种不同的颜色，有……有……云朵的样子特别有趣，有的一朵一朵，密密小小，像……有的一丝一丝，宽宽窄窄，像……有的一团一团，大大小小，像……有的一片一片，融在一起，像……

（2）欣赏莫奈作品，进一步感受云霞满天的绚丽情景。
- 教师：有一位叫莫奈的画家，他画下了心中的云，他是怎么画的？

3. 交流创作思路，讨论怎样用底纹笔和不同浓淡的色彩刷出一片天空，幼儿作画。
   （1）讨论创作思路。
   - 教师：今天请小朋友来画天空中的云，你想怎么画？
   - 教师：准备用什么方法？（有颜料和水）
   - 教师：用什么来表现你心中的云彩？（点、线、块面）
   - 教师：怎样才能让云彩和天空的颜色区分开来？（云彩和天空的颜色不一样）

   （2）幼儿创作，教师指导。

4. 展示、交流幼儿的作品。
   - 教师：你画的云彩是什么样子的？你是怎么画的？

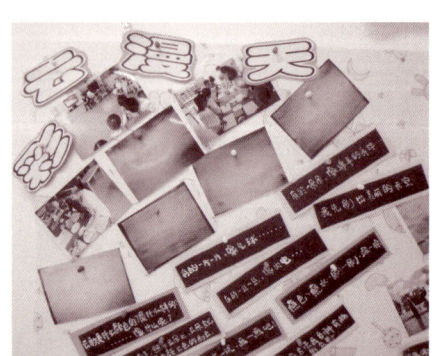

设计要点：本活动是让幼儿运用简单的点和线来表现天空中的彩云。幼儿提前刷好天空，在有背景的作业纸上创作彩云，画面效果会更好。切记：幼儿绘画前要将作业纸刷上水，这样云彩会和天空融为一体。

▶ **教学建议**
- 区域活动：欣赏各种色彩、形状的云。
- 日常活动：说说所见过的漂亮的云彩。
- 游戏活动：动作游戏"变成一朵美丽的云"。
- 家园共育：有意识地引导幼儿观察天空中云彩色彩及形状的变化。

活动4　碧波荡漾（水彩画）

▶ **活动目标**
1. 通过观察、比较、交流和欣赏，了解湖水在风吹、日照下的变化，感受湖水丰富的色彩和"碧波荡漾"的动态美。
2. 继续学习用底纹笔、水粉笔和不同浓淡的色彩画出一片多彩的湖水，并尝试用白色颜料甩出水珠或水波。
3. 能与同伴共享操作材料和空间，享受共同作画的快乐。

▶ **活动准备**
1. 经验准备：幼儿观察过水面被风吹过激起的波浪及流水的波纹。

2. 物质准备。
- 教具："碧波荡漾"的图片PPT。
- 学具：铅画纸，颜料（青莲、群青、湖蓝、普蓝、浅绿、草绿、白色），底纹笔，小号水粉笔等。

▶ **活动过程**

1. 布置任务，猜想创作画面，激发兴趣。
- 教师：你见过的水面是什么样的？它是什么颜色的？什么样子的？
2. 逐图欣赏PPT，通过观察、比较、交流和欣赏，了解湖水在风吹、日照下的变化，感受湖水丰富的色彩和"碧波荡漾"的动态美。

- 教师：湖水被风吹是什么样子的？太阳照耀的湖面又是什么样？老师准备了一些图片，我们一起来欣赏。
- 教师：你看到的湖水有哪些颜色？这些（绿色、蓝色）一样吗？
- 教师：湖水是什么样子的，像什么？为什么水会有波纹？这些波纹一样吗？
- 教师：当风小的时候，水的波纹是什么样的？当风大的时候，水的波纹会变成什么样？
- 小结：今天我们看到了水有各种颜色，平静的湖水像……；风儿一吹，水面有了变化泛起波纹，风小的时候，水的波纹是……像……当风大的时候，水的波纹是……像……

3. 欣赏画家作品，讨论绘画方法，幼儿作画。
   （1）欣赏画家的作品，讨论创作思路。
- 教师：画家是怎么画水的，用了哪些线条？
- 教师：刚才我们看了这么多漂亮的水，你想画什么样的水？
- 教师：可以用什么线条画？
- 教师：太阳的亮光照在水里，我们可以用什么颜色画，怎么画？（教师示范）

   （2）幼儿创作。
4. 展示、交流幼儿的作品。
- 教师：你画的水是什么颜色的，是什么样的？（被风吹过、太阳照射下）

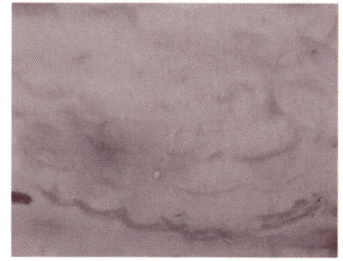

> **设计要点**：活动的重点是水的色彩变化和水纹的表现，水的色彩变化要调动幼儿的已有经验来表现，水纹可以用白色的条纹来画，也可以用笔蘸上白色的水洒出来，幼儿可以自由选择不同的方法来表现。教师还可以提供一些银粉，让幼儿撒在水面上来表现波光粼粼的感觉。

▶ **教学建议**
- 区域活动：观察水面、湖面激起的波纹。
- 日常活动：说说被风吹过的水面是什么样。
- 游戏活动：玩水。
- 家园共育：家长和幼儿一起观察湖面、水面的波纹，引导孩子用语言描述。

活动 5 五彩池（水彩画）

▶ **活动目标**
1. 通过观察、比较、交流、归纳和欣赏，感受池水色彩的丰富以及日照下"波光粼粼"的动态美。
2. 迁移已有的经验，尝试用刷、甩、涂画等方法表现一片色彩斑斓的池塘。
3. 能用丰富的词汇表达自己对五彩池的认识和感受。

▶ **活动准备**
1. 经验准备：幼儿欣赏过散文《五彩池》，对五彩池有初步的了解；已有刷底色、甩笔的经验。
2. 物质准备。
- 教具："五彩池"图片PPT。
- 学具：颜料（红蓝紫黄、红黄白咖、紫黄白玫、蓝青白玫），笔，铅画纸。

▶ **活动过程**
1. 通过谈话，集体回忆、分享湖水的创作经验，激发幼儿兴趣。
- 教师：你见过的水是什么颜色，什么样子的？我们是怎么画碧波荡漾的湖水的呢？
2. 逐图欣赏PPT，引导幼儿欣赏、感知五彩池的数量多、大小不一、形状奇特、颜色鲜艳多彩、变幻莫测的奇异景象。
- 教师：你看到的池水的颜色和我们平时看到的一样吗？有哪些颜色？你有什么感觉？（色彩）
- 教师：你看到的五彩池都一样吗？什么地方不一样？这些五彩池像什么？（形状）

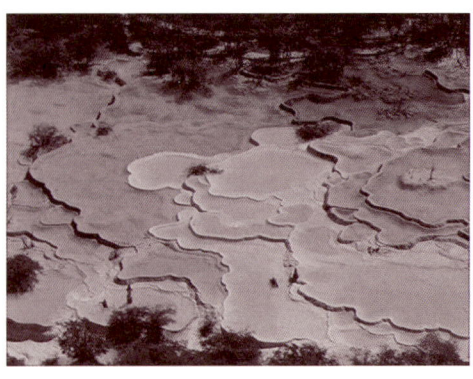

- 教师：为什么池水会有这么多鲜艳的颜色？
- 小结：五彩池有很多很多的小水池，水池有大有小，它们有不同的形状，有的像……有的像……有的像……（葫芦、月牙、盘子、莲花……）这些小水池在灿烂的阳光下，闪耀着各种不同颜色，有的是……有的是……有些水池里还不止一种颜色，上层是……下层却成了……；左半边是……右半边却成了……；五光十色使池水更加美丽。

3. 欣赏画家作品，讨论绘画方法，幼儿作画。

   （1）欣赏画家的作品，讨论五彩池的画法。
   - 教师：画家是怎么画水的，用了哪些线条？
   - 教师：刚才我们看了这么多漂亮的五彩池，你想画什么样的五彩池？
   - 教师：可以用什么方法来画？
   - 教师：太阳的亮光照在五彩池里，我们可以用什么颜色画池水，怎么画？（教师示范）

   （2）幼儿创作。

4. 展示、交流幼儿的作品。
   - 教师：你画的五彩池都有什么颜色？是什么样的？

设计要点：要让幼儿提前在作业纸上刷好淡淡的底色。创作前先刷适量的水，然后再画上一些色块来表现池塘（注意色块中色彩的变化），最后用白色的点和线条表现水波纹。教师要注意色彩的调控，尽可能在小组内提供同种色，保证作品的效果。

教学建议

- 区域活动：收集有关五彩池的摄影作品及自然风景画，进行布置、展览。
- 日常活动：鼓励幼儿积极向同伴介绍自己对五彩池的认识及感受。
- 游戏活动：继续在美术区域练习用同种色刷出深浅不同的底色。
- 家园共育：家长向幼儿介绍五彩池的奇特景象。

活动6 软软的沙滩（水粉画）

▶ **活动目标**

1. 通过观察、比较、交流和欣赏，了解沙滩上沙粒的粗细变化，感受海岸线流畅的线条以及细细的沙粒所营造的美。
2. 迁移已有的经验，尝试用刷、点彩、涂画等方法表现一片柔美的沙滩。

▶ **活动准备**

1. 经验准备：幼儿去过海边，见过沙滩（或在影视作品中见过）。
2. 物质准备。
   - 教具：关于海洋、沙滩的PPT。
   - 学具：背景纸，颜料（土黄、中黄、白色、熟褐、墨绿等），水粉笔。

▶ **活动过程**

1. 布置任务，猜想创作画面，激发兴趣。
   - 教师：今天我们要用水粉颜料画美丽的沙滩。
   - 教师：你们去过海边吗？沙滩是什么样子的？
   - 教师：你想画一个什么样的沙滩？怎么画？
2. 逐图欣赏PPT，引导幼儿欣赏、感知沙滩上沙粒的粗细变化，感受海岸线流畅的线条以及细细的沙粒所营造的美。
   （1）重点引导幼儿欣赏、感受沙滩上海岸线的曲折。
   - 教师：天气真好我们沿着沙滩边走一走。我们走过的这条弯曲小路像什么？
   - 教师：这片沙滩看上去像什么？
   - 教师：你想画一片什么样的沙滩？画在纸的哪里？
   - 小结：大海和陆地相接的地方叫海岸线，海岸线弯弯的，像……
   （2）重点引导幼儿欣赏、了解沙滩的不同色彩。
   - 教师：沙滩有什么颜色？同一片沙滩上的颜色一样吗？
   - 教师：你想画什么颜色的沙滩？
   （3）重点引导幼儿观察沙滩上的沙子，回忆想象不同粗细沙子带来的不同感受。
   - 教师：沙滩上的沙子一样吗？粗粗的沙子走上去有什么感觉？细细的沙子呢？
   - 小结：沙滩上的沙子有的……
3. 欣赏画家作品，讨论绘画方法，幼儿作画。
   - 教师：画家画的是什么样子的沙滩，用了哪些颜色？
   - 教师：我们今天用干涂的方法来画沙滩。（教师示范）
4. 展示、交流幼儿的作品。
   - 教师：你画的沙滩是什么样子的？是什么颜色的？

> **设计要点**：添加细沙和贝壳不仅可以激发幼儿创作的兴趣，还能使画面看上去更生动、更精美。也可不用涂染，只用点彩（点要细小）来点满沙滩。

教学建议

- 区域活动：欣赏小朋友假期中在海边游玩的照片及有关海边沙滩的图片。
- 日常活动：组织谈话活动"美丽的沙滩"。
- 游戏活动：玩沙。
- 家园共育：家长与孩子共同说说在沙滩边的感受，丰富幼儿的感性经验。

活动 7 高高的山峰（水粉画）

活动目标

1. 通过观察、比较、交流和欣赏，了解山丘色彩和造型的变化，感受高低不同的山丘所营造的山石林立的俊美。
2. 尝试在有背景的画面上，用水粉涂染的方法表现高低不同的山峰。

活动准备

1. 经验准备：幼儿知道山是高高低低的，山峰的形状是千姿百态的。
2. 物质准备。
- 教具：海边山峰的PPT。
- 学具：作业纸（刷好底色并画好沙滩），颜料（中绿、墨绿、橄榄绿、土黄、赭石、橘红、大红、紫罗兰），水粉笔，调色盘，抹布。

活动过程

1. 交代任务，激发幼儿的学习热情。
- 教师：你见过山吗？你见过的山是什么样子的？（色彩、造型）
- 教师：我们今天要来画高高矮矮不同的山，你想画一座什么样的山？
2. 逐图欣赏PPT，引导幼儿欣赏、感知山丘色彩和造型的变化，感受高低不同的山丘所营造的山石林立的俊美。
- 教师：你看到的山丘是什么颜色的？（绿色、黄色……）一样吗？这样的颜色是怎么画出来的？（深浅——涂抹、叠加，层次——排列）
- 教师：你看到的山丘是什么样子的？像什么？
- 小结：山丘上的石头有各种颜色，有的红，有的黄，有的像××一样亮晶晶的，颜色的深浅也不一样。石头的样子也很有趣，有的像××一样圆圆的，有的像××尖尖的，有的平平的，有的一层层的……

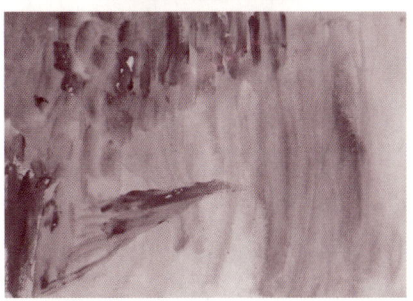

3. 交流创作思路，讨论山丘的绘画方法，幼儿作画。
   (1) 讨论创作方法。
   - 教师：我们画了天空、大海、沙滩，今天我们要画海边的山峰。你想画什么样的山峰？画在什么地方？用什么颜色？
   - 教师：这些颜色可以怎么画出来？（教师示范：深浅——涂抹、叠加，层次——排列）
   (2) 幼儿创作，教师指导。
4. 展示、交流幼儿的作品。
   - 教师：你画的山峰是什么样的？你是怎么画的？

> **设计要点**：这样的课题对幼儿来说具有一定的挑战性，很多幼儿对山和山峰的理解还局限于书本和影视，有些幼儿尽管游览过山，但让他们记忆、理解和表现还是有一定的困难的。因此在欣赏过程中，教师要引导幼儿细致观察作品，发现一些创作的基本方法，并尝试用这样的方法来表现自己喜欢的山峰。

▶ **教学建议**
- 区域活动：观察、欣赏各自带来的山峰图片和摄影照片。
- 日常活动：与同伴相互交流见过的山峰是什么样以及自己的感受。
- 游戏活动：游戏"五指山"。
- 家园共育：利用节假日带领孩子去爬山，感受登上山顶的自豪感。

活动8 美丽的大地（水粉画）

▶ **活动目标**
1. 通过观察、比较、交流、归纳和欣赏，感受辽阔大地丰富的色彩美。
2. 尝试选择统一的色调，用涂染的方法表现起伏不平的土地。

▶ **活动准备**
1. 经验准备：幼儿前期学习过涂染天空和水面。
2. 物质准备。
   - 教具："辽阔的大地"图片PPT，背景音乐。
   - 学具：颜料（红蓝紫黄、红黄白咖、紫黄白玫、蓝青白玫、黄中墨绿），水粉笔，背景纸。

▶ **活动过程**
1. 布置任务，猜想创作画面，激发兴趣。
   - 教师：你见过大地吗？大地是什么样子？
2. 逐图欣赏PPT，通过观察、比较、交流和欣赏，感受辽阔大地丰富的色彩美。
   - 教师：今天，我们一起来欣赏"大地"。看了这样的大地你有什么感觉？

- 教师：大地是什么样子的？像什么一样？用小手来画一画。
- 教师：大地是什么颜色的？这些黄色（绿、红）一样吗？有什么不同？（色调、深浅）这些不同的颜色都是什么呢？
- 教师：大地上还有什么？
- 小结：从远处看，大地很美，很辽阔，很……一块块的耕田、草地、花园、湖水……它们有的是……有的是……有的是……（颜色）使大地看起来就像……

3. 欣赏画家作品，讨论绘画方法，幼儿作画。
   （1）欣赏画家的作品，讨论创作思路。
- 教师：也有一些画家，他们画下了心中的大地，看看他们是怎么画的？画了些什么？
- 教师：你想画什么样的大地？（教师示范运用涂染的方法画出大地的起伏不平）
   （2）幼儿创作。
4. 展示、交流幼儿的作品。
- 教师：你画的大地是什么样子的？你是怎么画的？

设计要点：这个临近主题结束的活动，应该尽可能让幼儿将主题中学到的刷、涂染、点、画等经验进行综合运用，自如表现。

▶ **教学建议**

- 区域活动：欣赏大地图片，尝试用水粉笔刷底纸。
- 日常活动：观察大地与天空。
- 游戏活动：共同玩拼图游戏"我们的祖国"。
- 家园共育：外出游玩时有意识引导幼儿观察大地的色彩。

活动9 烟雨蒙蒙（水彩画）

▶ **活动目标**

1. 通过观察、比较、交流和欣赏，了解烟雨朦胧中天空、大地和树木的变化，感受天地交融、浑然一体的美。
2. 迁移已有经验，运用刷、甩、涂染等方法表现烟雨中大地、池塘、树木、花草等景物。

活动准备

1. 经验准备：幼儿观察过雨天的情景。
2. 物质准备。
- 教具："雨天"图片PPT。
- 学具：稀释水彩颜料（墨绿、熟褐、朱红、浅绿、湖蓝、土黄）。

活动过程

1. 布置任务，猜想创作画面，激发兴趣。
- 教师：今天我们一起来看几幅画，你最喜欢哪一幅？画里画的都是什么样的天气？（下雨天）
2. 逐图欣赏PPT，引导幼儿欣赏、感知烟雨朦胧中天空、大地和树木的变化，感受天地交融、浑然一体的美。
- 教师：你看了这些画有什么样的感觉？图上画了些什么？（天空、树、山、河）
- 教师：天空上有什么？云彩是什么样的？看了云彩，你觉得是什么天气？
- 教师：树是什么样的？在这幅图的哪里？给人感觉是近处还是远处？还有什么在远处？
- 教师：山是在远处还是近处？山是什么样的？山的形状和颜色都是一样的吗？是什么颜色的？
- 教师：图片上的河水与我们平时见的一样吗？是什么颜色？水面上有什么？
- 教师：水面上怎么会有树、山呢？看到这些画你有什么感觉？心情怎样？
- 小结：抬头看看烟雨蒙蒙的天空，云雾缭绕若隐若现的山峰，树和河水都和平时看到的不一样了，这样的下雨天，感觉看什么都是模模糊糊的……

3. 讨论绘画方法，幼儿作画。
- 教师：今天我们也来试试，把你在烟雨蒙蒙的天空下看到的景色画出来。
- 教师：我们这儿有什么材料？（颜料）
- 教师：怎么才能画出雾蒙蒙的效果呢？要先怎样？（在底纸上均匀地刷一层清水）然后画什么？（看到的景色，教师示范用刷、甩、涂染画出山、水、树等景色）
- 幼儿创作。
4. 展示、交流幼儿的作品。
- 教师：你是怎样画出雾蒙蒙的景色呢？

▶ **教学建议**

- 区域活动：将教师和幼儿共同收集的图片分类展示在活动区，引导幼儿欣赏、交流。提供各种绘画工具和颜料，鼓励幼儿尝试把自己喜欢的景色创作出来。
- 日常活动：大胆介绍自己的创作作品，与同伴分享创作的快乐。
- 家园共育：家长有意识地引导孩子欣赏雨前、雨后的自然景色。

主题评析

每年的假期，家长们都会带领孩子去游山玩水增长见识，拓展视野。假期结束后，小朋友们都会将自己游玩的过程用照片的形式展示给同伴欣赏。因此教师对于小朋友们对自己外出游玩的经历意犹未尽，对漫步在海边、登上山峰的情景记忆犹新这一情况善加利用，开展了此主题活动。教师有意识地引导小朋友们去关注大自然中千变万化的景物，并通过对大量图片的欣赏与交流，引导幼儿运用涂抹、点画、刷等作画方法表现大自然中的天空、大地、高山、流水等美景，感受大自然中蕴含着的丰富色彩及形态美，并为后面的主题积累创作背景画的经验。

一、幼儿发展

1. 审美经验的累加。

游山玩水为幼儿积累了大量的有关大自然的经验，在此基础上，"游山玩水"主题的开展，让幼儿通过拍摄眼中的美景、欣赏图片等形式，更加关注从自己的角度去发现生活中所蕴含的美景，知道天空有不一样的美，大地也有不一样的美，从而使幼儿积累真实的审美感受和审美经验，并学会带着欣赏的眼睛去发现和寻找，感受生活中一点一滴的美。

2. 审美语言的发展。

在主题活动的开展过程中，幼儿要用一些比较形象生动的词汇表达自己的感受和观察，所以在欣赏环节，我们能有意识地注意幼儿审美性语言的发展，引导幼儿用比较优美、精准的语言去表达。

3. 审美表现的增强。

（1）工具材料的使用。

本主题开展的过程中，幼儿对各种不同型号的笔有了更多的认识，特别是底纹笔。底纹笔作为本主题每个活动作品的呈现，每次都会使用到。所以幼儿在主题中，对于底纹笔的多样用法，有了较完整的认识。

（2）绘画技能的提高。

在主题活动中，幼儿尝试了多种作画方法：涂染、点、刷等，其中刷的方法幼儿需要初步尝试，在不断操作探索的过程中，幼儿学习了用颜料、水来刷作品的方法，也逐渐感受了水和颜料的不同操作方法，以及绘制出的不同效果。

以这种背景为作品的创作，需要经验的累加和表现，作品的内容需要组合，所以在主题开展过程中，幼儿也具有了一定的构图意识，积累了初步的构图经验，为以后的活动打下基础。

二、教师收获

1. 主题的完善与优化。

在不断尝试与实践的过程中，教师对于主题活动中的每一个活动有了更加细致的认识与思考，包括图片的选择、作品的呈现、材料的使用等方面，使活动更加完善和优化。

2. 教师自身创作技能的提高。

在主题实施的过程中，教师自身的创作能力也有了很大的提高，包括用色、用水、刷等多方面的能力。

主题二
秋色胜似春

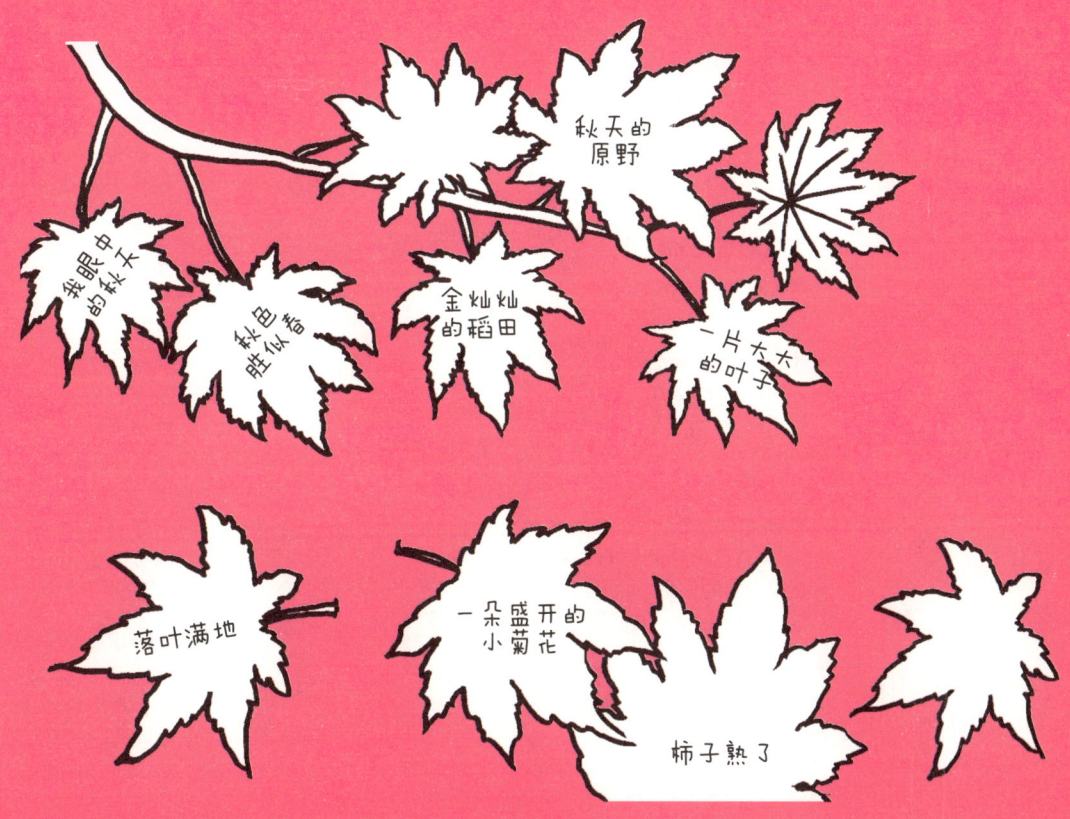

主题活动

活动名称	区域活动	日常活动	游戏活动	家园共育
我眼中的秋天（交流）	把秋天风景的照片布置成图片展览	在幼儿园里寻找花草树木在秋天的变化	捡落叶	带幼儿一起到田野里寻找大自然的变化,并拍下照片。与幼儿一起填写主题活动调查表
秋色胜似春（欣赏、水粉画）	在区域中提供春天的风景图片,引导幼儿比较春天和秋天风景的不同	引导幼儿欣赏油画作品,感受其中的色彩	秋游植物园	收集秋天的风景图片,交流对秋色美景的感受
金灿灿的稻田（水粉画）	布置关于"丰收的田野"景象的图片,引导幼儿感受稻田的广阔及丰收带给人们的喜悦	教师与幼儿交流有关田野的农作物的经验	农家乐,品尝农产品	与幼儿交流秋季里人们的生活
秋天的原野（水粉画）	教师制作几米系列作品册,在阅读区供幼儿阅读欣赏。引导幼儿交流植物动物以及人们在秋天原野里的感受和经验	教师提供底纹笔和水分较多的水粉颜料,供幼儿继续尝试探索大面积地刷色	开展秋季运动会	带幼儿在自然中寻找秋天花草树木的变化
一片大大的叶子（水粉画）	在区域中提供实物树叶和拓印模板,供幼儿用水粉、蜡笔拓印树叶	教师引导幼儿观察各种各样的树叶的形状和色彩,细致观察树叶的叶柄叶片和叶脉的形态	体育游戏"树叶飘飘"	在大自然中收集各种各样的树叶
落叶满地（蜡笔画）	引导幼儿在区域中合作,将自己的作品剪贴成大幅的作品	收集各种各样的树叶,观察欣赏树叶的丰富性	音乐游戏"大风与小树叶"	亲子制作:树叶贴画。感受树叶形态的多变
一朵盛开的小菊花（水粉画）	泥工制作"雏菊"。进一步感受和表现各种形态的雏菊	将各种雏菊的图片制作成册,供幼儿欣赏	创设"花店"的角色游戏	带幼儿到花店里,欣赏雏菊的造型、色彩。观赏菊展,欣赏不同菊花的造型、色彩,收集菊花图片
柿子熟了（水粉画）	将幼儿带来的柿子树图片布置在区域内,供幼儿自由欣赏和交流	观察柿子的外形,品尝各种柿子	音乐游戏"柿子丰收了"	带幼儿去有柿子树的公园、郊外或农村,让幼儿仔细观察结满果实的柿子树,并亲自体验一下摘柿子的乐趣

上学期
主题二 秋色胜似春

设计思路

秋天是喜悦的、温暖的、成熟的。秋天里，孩子们享受阳光、捡拾落叶、采摘果子，沉浸在无比幸福之中。本主题以"秋游"为切入口，以布置"我们在秋天里"的主题墙为设计线索。让幼儿在看看说说、涂涂画画、剪剪贴贴中了解秋天花草树木的变化，感受秋天如霞似火的热烈，风起叶飞时的飘逸和菊花盛开时的艳丽。

核心目标

1. 通过郊游、收集图片、观察、交流和欣赏，了解秋天花草树木的变化，感受秋天的热烈、温暖、飘逸和成熟的美。
2. 在不断探索和调整中，了解橙色的变化规律，尝试用不同的橙色表现秋天的原野、草地、树林、花卉和果园。
3. 在观察、比较的基础上，了解花草树木的不同造型特点，尝试用色块和不同粗细、曲直的线条进行表现。
4. 愿意与同伴交流、相互协商，共同布置班级的墙面，体验共同制作的乐趣。

经验准备

1. 请家长带幼儿去郊游，并通过捡树叶、采摘果实，观察秋天的花草树木，感受自然景物的变化以及丰富的色彩之美。有条件的家长还可以带孩子到农村看看，感受农村秋天丰收的景象，知道秋天是丰收的季节。
2. 在爸爸妈妈的帮助下，填写有关秋天的调查表。

物质准备

1. 教师：水粉颜料（红色、黄色、赭石、蓝色、白色、绿色、紫色、玫红、熟褐），水粉笔（2号、7号），铅画纸，黑色作业纸（颜料和墨汁调和后自己刷），已经过塑好的透明封塑膜片（A4大小）。
2. 幼儿：24色蜡笔，抹布，剪刀。

活动设计

活动1 我眼中的秋天（交流）

▶ **活动目标**

1. 通过收集、观察、比较、交流和欣赏，了解秋天花草树木的变化，感受秋天的热烈和温暖。
2. 能用较丰富的词汇表达自己对秋天的认识和感受。

▶ **活动准备**

1. 经验准备：秋天，和父母一起去过田野郊游。
2. 物质准备：主题活动调查表，秋天的风景图片，展板，音乐《秋日私语》。

▶ **活动过程**

1. 通过谈话，集体分享有关秋天景色的经验。
- 教师：现在是什么季节？
- 教师：最近，大家去过田野郊游吗？
- 教师：秋天的田野是什么样子的？
2. 交流、欣赏秋天花草树木的景象，了解秋天花草树木的变化。
- 教师：秋天是什么样子的，让我们听着音乐，欣赏一下秋天的景色吧！
- 教师：秋天的花是怎样的？和冬天比呢？
- 教师：秋天的草是怎样的？春天的草是什么样子的？和春天比有什么不同？
- 教师：秋天的树是什么样子的？树叶和夏天的比有什么不同？树上还有什么？
- 教师：秋天的花草树木给你怎样的感觉？
- 师幼共同小结：秋天的花开得很热烈，秋天的草也开始变黄。秋天的树上结满了果子，有的树叶开始变黄变红，看上去颜色更多了。秋天的花草树木色彩丰富，给人温暖的感觉。

3. 交流幼儿带来的调查表，重点感受秋天人们丰收的喜悦。
- 教师：秋天这么美，人们在秋天的田野里忙什么呢？人们的心情怎么样？
- 教师：请你和同伴一起看看调查表，交流一下你在秋天的田野里还看到了什么。
- 教师：你在秋天里喜欢做什么？

4. 延伸活动，师生用图片和调查表共同布置班级美术区角。

设计要点：在活动前让家长了解主题活动内容、目标，让家长知道带孩子出去玩的目标，有意识地引导幼儿观察"秋天花、草、树木的变化"，让孩子去拍一些自己眼中的秋天的美景。

▶ **教学建议**
- 区域活动：把秋天风景的照片布置成图片展览。
- 日常活动：在幼儿园里寻找花草树木在秋天的变化。
- 游戏活动：捡落叶。
- 家园共育：带幼儿一起到田野里寻找大自然的变化，并拍下照片，与幼儿一起填写主题活动调查表。

活动 2　秋色胜似春（欣赏、水粉画）

▶ **活动目标**
1. 通过观察、比较、交流和欣赏，了解秋天花草树木的变化，感受秋天的热烈和温暖。
2. 尝试用不同深浅的橙色和涂染的方法，表现秋天的树叶。
3. 知道水粉笔的握笔方法，能轻轻蘸色、顺一个方向涂抹，养成良好的操作习惯。

▶ **活动准备**
1. 经验准备：幼儿观察过秋天的田野和山川。
2. 物质准备。
- 教具：周昭坎的油画作品《秋色胜似春》。
- 学具：水粉颜料（红色、黄色、赭石、蓝色、白色），12号水粉笔，在桌上或墙上张贴画有山坡、树干、树枝的背景底纸（3张2开纸），音乐《秋日私语》。

▶ **活动过程**
1. 通过谈话，回忆分享有关秋天景色的经验。
- 教师：秋天是什么样子的？秋天的树有什么变化？树叶有什么变化？
2. 欣赏《秋色胜似春》，了解秋天里花草树木的变化，感受秋天的热烈和温暖。
- 教师：看看这幅作品，你有什么感觉？
- 教师：你感觉这幅画表现的是什么季节？从哪里看出来的？
- 教师：这是秋天的什么地方？这些树是什么样子的？树叶是什么颜色的？

- 教师：这么多树叶一片片连在一起，远远地看上去像什么？
- 教师：如果你也来到这样一片树林里，你有什么感觉？你想在树林里干什么？
- 师幼共同小结：这幅画的名字叫《秋色胜似春》，是一个叫周昭坎的画家画的，画里的秋天的森林特别美，树叶看起来是一片一片的，有……有……（颜色），远远地看起来就像是……还像……

3. 交流创作思路，尝试用不同深浅的橙色和涂染的方法作画。

   （1）讨论创作思路。
   - 教师：画家是用什么方法画这些树的？（用多种颜色涂抹在一起）
   - 教师：这样的方法和平时的方法有什么不同？
   - 教师：我们怎样握笔？怎样蘸色？怎样涂抹呢？
   - 教师：今天我们尝试用水粉直接涂染来画秋天里彩色的树，用水粉笔轻轻蘸色，顺着一个方向涂抹，要和同伴合作画一大幅作品。

   （2）幼儿创作。

4. 展示、交流幼儿的作品。
   - 教师：你是怎么画秋天的景色的？

设计要点：本活动以欣赏为主，教师的重点应该是引导幼儿尽可能发现秋天树林的色彩美、尝试用涂染的方法进行创作。幼儿初次尝试用涂染的方法，可能因为没有经验会出现一些问题，如不敢涂染，涂染的效果不好等等，教师不必太介意，重点是让幼儿体验一下。

教学建议
- 区域活动：在区域中提供春天的风景图片，引导幼儿比较春天和秋天风景的不同。
- 日常活动：引导幼儿欣赏油画作品，感受其中的色彩。
- 游戏活动：秋游植物园。
- 家园共育：收集秋天的风景图片，交流对秋色美景的感受。

教学材料
周昭坎的油画《秋色胜似春》创作于1995年。在这幅作品中，画家尝试将中国传统画中的意境和笔法融入油画中。整个画面以红、黄、黑为基调，夸张地渲染秋色之美。

活动3 金灿灿的稻田（水粉画）

活动目标
1. 通过观察、比较、交流和欣赏，初步感受成熟时的稻田所呈现的丰收和喜悦的情感。
2. 在不断探索中，了解橙色的变化规律，尝试用不同深浅的橙色和密集的线条表现一片成熟的稻田。
3. 能轻轻蘸色，自下而上有序地画线条，在顿笔轻提的过程中感受稻苗强劲的生命力。

活动准备
1. 经验准备：幼儿已有观察丰收的田野的经历。
2. 物质准备。
- 教具：稻田图片的PPT。
- 学具：幼儿画有远山的正方形和长方形的背景纸，黄色、红色水粉颜料，水粉笔，抹布。

活动过程
1. 迁移已有经验，回忆自己见过的稻田丰收的景象，交流感受。
- 教师：你见过稻田丰收的景象吗？它是怎样的？你有怎样的感觉？
2. 出示PPT，观察、欣赏图片中的作品，初步感受稻田丰收蕴含的喜悦，体验大面积的暖色给人们带来的喜悦、热烈的情感。
- 教师：这是画家笔下丰收的田野，你看了有怎样的感觉？
- 教师：画面上有什么？画家用了什么颜色？最多的颜色是什么？
- 教师：为什么用了这么多的黄色、橙色？（稻子成熟了）
- 教师：在这片丰收的土地上，收获自己忙碌了几个月的果实，会有怎样的心情？
- 教师小结：画家用不同深浅的橙色绘画了一大片丰收的稻田，人们心中充满了丰收的喜悦！
3. 交流创作思路，尝试用不同深浅的橙色和密集的线条表现一片成熟的稻田，幼儿作画。
  （1）讨论创作思路。
- 教师：田野里的稻子是什么样子的？（从下往上长的）
- 教师：你会用手画画看吗？（幼儿空手练习绘画田野里的稻子，体验稻子由下自上的

生长方向，积累绘画的经验）
- 教师：当你想让橙色变浅一点，可以怎么办？

（2）幼儿创作。
- 教师：请用水粉笔和水粉颜料绘画一幅丰收的稻田。

4. 展示、交流幼儿的作品。
- 教师：稻田丰收了！你的稻田是什么颜色的？
- 教师：除了红色和黄色，还有什么颜色？是怎么变出这些颜色来的？

▶ **教学建议**
- 区域活动：布置关于"丰收的田野"景象的图片，引导幼儿感受稻田的广阔及丰收带给人们的喜悦。
- 日常活动：教师与幼儿交流有关田野的农作物的经验。
- 游戏活动：农家乐，品尝农产品。
- 家园共育：与幼儿交流秋季里人们的生活。

活动4 秋天的原野（水粉画）

▶ **活动目标**
1. 通过观察、比较、交流和欣赏，了解秋天原野的色彩变化，感受大片暖暖的黄色、红色所营造的热烈和浪漫的氛围。
2. 尝试用涂染的方法、不同深浅的橙色，以及少量的褐色表现秋天的原野。
3. 能轻轻蘸色、有序操作，养成良好的操作习惯。

▶ **活动准备**
1. 经验准备：幼儿已有过观察原野的经历。
2. 物质准备。
- 教具：有关"原野"的PPT，实物投影仪。
- 学具：幼儿画有人物生活的背景稿纸（8开大铅画纸），黄色、红色、咖啡色水粉颜料，底纹笔，抹布，音乐《秋日私语》。

▶ **活动过程**
1. 迁移已有经验，回忆自己见过的秋天的原野，交流感受。
- 教师：什么是原野？你看过原野吗？看到原野你有什么样的感觉？

2. 欣赏原野PPT，通过观察、对比了解秋天原野的色彩变化，感受大片暖暖的黄色、红色所营造的热烈和浪漫的氛围。
- 教师：这是什么季节的景色？秋天的原野上有什么？
- 教师：你喜欢哪一幅画？画面上有什么？

- 教师：春天的原野是什么样子的？给你什么感觉？
- 教师：看了这些秋天的原野，你有怎样的感觉？
- 教师：画上的人在干什么？如果画面上的人是你，你会想什么，做什么？
- 教师：画面上有什么颜色？什么颜色最多？感觉怎么样？
- 师幼共同小结：秋天的原野广阔而又温暖，人们喜欢美丽的原野，他们在金黄灿烂的原野中漫步、骑自行车、听着音乐，感觉温暖、舒适又浪漫。

3. 交流创作思路，讨论原野的绘画方法，幼儿作画。

   (1) 讨论创作思路。

- 教师：今天我们要来绘画秋天的原野，原野这么广阔，我们也要使用一种特别的大笔，很快地画好原野，看看这种笔有什么特别的？（底纹笔）
- 教师：水粉颜料和平时有什么不同？
- 教师：底纹笔蘸色时水不停地滴，要把水搽一搽。（教师示范）
- 教师：刷的时候要按照一个方向，轻轻快快地刷，刷过的地方不能"淹水"。
- 教师：颜料太多的话，用干的底纹笔把多余的颜料吸走。

   (2) 幼儿创作。

- 幼儿尝试用底纹笔涂染的方法、不同深浅的橙色以及少量的褐色表现秋天的原野。教师提醒幼儿注意刷的方向，帮助幼儿控制水分的量。

4. 展示、交流幼儿的作品。

- 教师：你的原野是什么颜色的？你想在这样的原野里做什么？

设计要点：幼儿通过欣赏，感受秋天原野的色彩美，进一步学习用涂染的方法表现秋天的原野，活动中教师要注意色彩的调控，尽可能提供大量的暖色，让幼儿在操作中了解色彩的变化。如需加入冷色，量一定要少，不能破坏那种暖暖的感觉。

▶ **教学建议**
- 区域活动：制作几米系列作品册，在阅读区供幼儿阅读欣赏。引导幼儿交流植物动物和人们在秋天原野里的感受和经验。
- 日常活动：教师提供底纹笔和水分较多的水粉颜料，供幼儿继续尝试探索大面积地刷色。
- 游戏活动：开展秋季运动会。
- 家园共育：带幼儿在自然中寻找秋天花草树木的变化。

活动5 一片大大的叶子（水粉画）

▶ **活动目标**
1. 通过观察、比较、交流和欣赏，了解秋叶色彩的变化，感受秋叶色彩的丰富和形象的生动。
2. 尝试用大量的黄色和少量的红色、熟褐、蓝色涂抹一片大大的秋叶，发现色彩相融产生的变化，感受多种色彩之间的和谐之美。
3. 尝试在透明封塑膜上作画，能耐心细致地完成作品。

▶ **活动准备**
1. 经验准备：幼儿捡过树叶，仔细观察过树叶。
2. 物质准备。
- 教具：教学PPT。
- 学具：透明封塑膜片，水粉笔，黄色（大量）、红色、熟褐、蓝色（少量）等多色水粉颜料，抹布。

▶ **活动过程**
1. 回忆交流关于一片树叶的印象和感受。
- 教师：你捡过树叶吗？它是什么样子的？
- 教师：秋天的树叶是怎样的？
2. 欣赏树叶形象的PPT，感受秋叶色彩的丰富和造型的生动。
（1）重点欣赏秋叶生动的造型。
- 教师：你喜欢哪片树叶？它是什么形状的？像什么？
- 师幼共同小结：树叶的形状各种各样，有的细细长长的，一头尖一头圆，像水滴；有的圆圆的，像把圆扇子；有的像衣服；有的像爱心；有的……有的……形状很多。
（2）对比春天的树叶，重点欣赏秋叶丰富的色彩。
- 教师：还记得它们在春天时的样子吗？
- 教师：秋天的树叶，颜色有什么变化？上面还会有什么？
- 师幼共同小结：绿色的树叶经过了春天和夏天，慢慢开始变黄变红，有的地方慢慢枯了，变成褐色了，这么多颜色在一片大大的树叶上，树叶的颜色就更丰富更美了。
3. 交流创作思路，尝试在透明的封塑膜片上用水粉颜料画出一片大大的树叶。

（1）讨论创作思路。
- 教师：你们知道这是什么吗？它是透明的封塑膜片。
- 教师：我们可以直接用水粉颜料在上面画一片大大的树叶。
- 教师：这么多的黄色和少些的红色、熟褐、蓝色涂抹一片大大的秋叶，它们融合在一起，会有什么变化呢？

（2）幼儿创作。

4. 展示、交流幼儿的作品。
- 教师：你的树叶是什么样子的？上面有什么颜色？颜色有什么变化？
- 教师：让我们把树叶一起挂满大树，装饰我们的主题墙吧！

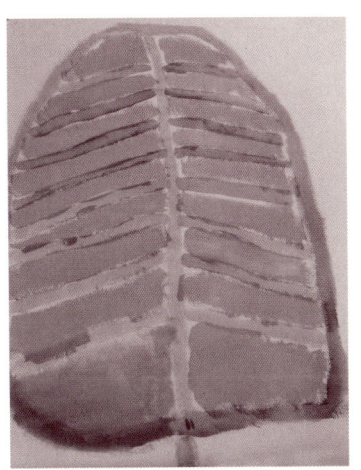

设计要点：到了秋天，树叶的颜色开始发生变化，一片树叶上会有很丰富的色彩，很漂亮。树叶的形状也是多种多样的，很丰富。本活动的难点在于幼儿学习在透明塑料薄膜上用颜色涂抹，颜色有厚薄、有变化，很能激发幼儿的创作兴致。

▶ **教学建议**
- 区域活动：在区域里提供实物树叶和拓印模板，供幼儿用水粉、蜡笔拓印树叶。
- 日常活动：教师引导幼儿观察各种各样的树叶的形状和色彩，细致观察树叶的叶柄叶片和叶脉的形态。
- 游戏活动：体育游戏"树叶飘飘"。
- 家园共育：在自然中收集各种各样的树叶。

活动6　落叶满地（蜡笔画）

▶ **活动目标**
1. 通过观察、比较、交流和欣赏，了解落叶外形的丰富和色彩的变化，感受各色落叶层层叠叠铺满大地的美。
2. 尝试用丰富的色彩和前后遮挡剪贴的方法进行创作，表现一片层层叠叠、落满树叶的大地。
3. 能与小组合作完成作品，在活动中预计可能发生的困难，并尝试解决问题。

▶ **活动准备**
1. 经验准备：幼儿走过铺满树叶的小路。
2. 物质准备。
- 教具："落满树叶的大地"PPT，背景音乐，多媒体设备。
- 学具：蜡笔。

▶ 活动过程

1. 布置任务，猜想创作画面，激发兴趣。
- 教师：你在铺满树叶的小路上走过吗？
- 教师：你听到什么声音？感觉怎样？
- 教师：今天我们就要来画各种各样的树叶，用它来装饰我们的教室。

2. 欣赏PPT，了解落叶外形的丰富和色彩的变化，感受各色落叶层层叠叠铺满大地的美。
   （1）浏览图片，感受各色落叶层层叠叠的意境美。

- 教师：地面上有多少片树叶，数得清吗？
- 教师：如果你走在这样铺满落叶的小路上，感觉怎样？
- 教师：你想在这里做什么？
   （2）重点欣赏落叶的外形。
- 教师：落在地上的树叶是什么样子的？
- 教师：树叶有什么形状，像什么？
   （3）重点欣赏落叶的颜色。
- 教师：树叶上有什么颜色？
- 师幼共同小结：落在地上的树叶有很多很多，有的树叶是××形状的，像……有的是××形状的，像……树叶的颜色很丰富，有的黄，有的红，有的绿，有的已经枯了，是咖啡色的。

3. 交流创作思路，讨论怎样用丰富的色彩绘画和前后遮挡、剪贴的方法让幼儿作画、制作画面。
   （1）讨论创作思路。
- 教师：有这么多种树叶，你一个人能完成吗，可以怎么办？
- 教师：我们可以每人绘画几片树叶，自己把画好的树叶剪下来，和你小组同伴一起贴成一幅落满树叶的大地画面。
- 教师：怎样贴才能感觉有一层一层的树叶呢？（前后遮挡）
   （2）幼儿创作。

4. 展示、交流幼儿的作品。
- 教师：找一找，你画的树叶在哪里？

设计要点：落叶满地表现的是树叶落满地的景色，难点在于树叶和树叶之间的关系，特别是重叠在一起的叶子，看不见的部分可以不画。不过这对于中班的孩子来说还是有一定困难的，教师不必勉强孩子，关键是对于树叶散落一地的场景的表现。

▶ **教学建议**
- 区域活动：引导幼儿在区域中合作，将自己的作品剪贴成大幅的作品。
- 日常活动：收集各种各样的树叶，观察欣赏树叶的丰富性。
- 游戏活动：音乐游戏"大风与小树叶"。
- 家园共育：亲子制作《树叶贴画》，感受树叶形态的多变和组合造型的趣味。

活动7 一朵盛开的小菊花（水粉画）

▶ **活动目标**
1. 在观察、比较和讨论的过程中，感受一朵小菊花盛开时造型的圆润和色彩的艳丽。
2. 了解小菊花的造型结构，尝试用深浅不同的色彩和围绕花蕊画花瓣的手法表现一朵盛开的小菊花。
3. 尝试用正确的方法握笔、蘸色，知道换色时用抹布把笔擦干净。

▶ **活动准备**
1. 经验准备：使用过水粉颜料作画。
2. 物质准备。
- 教具：一朵盛开的小菊花形态的PPT，音乐。
- 学具：幼儿每人一张A4大小的黑纸，3号水粉笔，柠檬黄和大红色水粉颜料，调色盘若干。

▶ **活动过程**
1. 欣赏图片，引导幼儿感受小菊花丰富的色彩。
   （1）出示图片，引导幼儿整体欣赏。
- 教师：秋天到了，花园里开满了美丽的小菊花，我们一起来看一看。
   （2）通过欣赏、讨论和交流，了解小菊花的结构特征，感受小菊花色彩的丰富。
- 教师：这些小菊花都是什么颜色的？仔细看看这些颜色一样吗？
- 教师：花蕊是什么颜色的？花蕊和花瓣的颜色一样吗？
- 教师：小菊花是什么样子的？花蕊是什么形状的？花瓣是什么样子的？
- 师幼小结：小菊花有红的、黄的、蓝的、紫的，许多的颜色，深深浅浅的颜色美丽极了！小菊花的花蕊是圆圆的，花蕊的周围长了许多长长的花瓣，非常可爱。
2. 尝试用深浅不同的色彩和围绕花蕊画花瓣的手法表现一朵小菊花。
   （1）师幼共同讨论小菊花的画法（边讨论边演示）。
- 教师：今天我们也要来画一朵盛开的小菊花，什么是"盛开"？（开了很多很多）

- 教师：看看我们用什么来画？（出示工具材料）
- 教师：水粉笔怎么拿？怎么蘸颜色？（演示：蘸蘸蓝色，再蘸蘸紫色）
- 教师：画几朵？
- 教师：先画什么？（花蕊）怎么画？（点一点）
- 教师：第二朵花的花蕊可以画在哪里？
- 教师：再画什么？怎么画？（从花蕊往外画长长的线，很多很多，围绕花蕊）
  （2）幼儿绘画，教师指导。
3. 作品展示与交流。
- 教师：我们画了一朵红色的小菊花、一朵蓝色的小菊花，一朵紫色的小菊花，颜色非常丰富，老师没有给这么多的颜料，你是怎么变出来的呢？

▶ **教学建议**
- 区域活动：用泥贴的方式制作各种颜色的小菊花。
- 日常活动：将各种小菊花图片制成相册，供幼儿在日常活动中欣赏。
- 游戏活动：开展"花店"的游戏，让幼儿制作并出售自己制作的小花。
- 家园共育：利用节假日带幼儿观看菊展或去野外观察成片的小菊花，了解小菊花的外形特点，感受色彩的艳丽。

活动8　柿子熟了（水粉画）

▶ **活动目标**
1. 通过观察、比较和交流，感受树叶落尽，红彤彤的柿子挂满枝头的美。
2. 了解柿子树的外形特点，尝试用不同的线条和涂染的手法表现成熟时的柿子树。

▶ **活动准备**
　　柿子树照片的PPT，画有背景的图画纸，水粉笔，熟褐、红色、黄色水粉颜料，调色盘。

▶ **活动目标**
1. 谈话，调动幼儿对柿子的已有经验。
- 教师：我们看过柿子，柿子是什么样的？
2. 了解柿子树的外形特点，感受树叶落尽、红彤彤的柿子挂满枝头的美。
- 教师：你知道柿子树是什么样子的吗？我们一起来看一看。
- 教师：柿子树是什么样子的？
- 教师：你知道柿子树是怎么生长的吗？先长出了什么？树干是什么样子的？
- 教师：从树干上长出了什么？树枝是什么样子的，像什么？
- 教师：树枝是怎么长的呀？有多少树枝？柿子树看上去怎么样？
- 教师：柿子树还有什么样子的？
- 教师：这张图片上有什么？柿子熟了吗？你是怎么看出来的？

3. 出示绘画材料，引导幼儿回忆已有经验，讨论材料使用和涂染的方法。
- 教师：今天我们要来画柿子树，看看用什么画？
- 教师：这是什么？画纸上有什么？
- 教师：画纸一样吗？这样的画纸可以画什么样的柿子树？这样的呢？
- 教师：看看颜料盘里有什么？这是什么颜色？可以用来画什么？
- 教师：你想画一棵什么样的柿子树？怎么才能画出这样的柿子树呢？

4. 幼儿自由创作，教师给予必要的启发和引导。
5. 展示幼儿作品并进行评价。

▶ **教学建议**
- 区域活动：将幼儿带来的柿子树图片布置在区域内，供幼儿自由欣赏和交流。
- 日常活动：观察柿子的外形，品尝各种柿子。
- 游戏活动：音乐游戏"柿子丰收了"。
- 家园共育：带幼儿去有柿子树的公园、郊外或农村，让幼儿仔细观察结满果实的柿子树，并亲自体验一下摘柿子的乐趣。

1. 在本主题里我们根据秋天的季节特点，主要是围绕多种植物的色彩变化，与幼儿一起开展了以欣赏、模仿、创作为主的一系列水粉画活动。活动中稻田、原野、树叶、菊花等绘画内容的选择既源于幼儿生活，又能充分展现秋季里丰收、成熟、温暖的景象，十分具有审美价值。

2. 主题活动的设计层层递进，从欣赏到创作、由大块面的景色到个别植物的小细节的表现，使幼儿由易到难学习了多种水粉画的表现方法。例如，大块面的景色适合用大的底纹笔进行刷色和涂染来表现，细长的菊花花瓣适合用小号的水粉笔细致地描绘等。此外，在秋天开展这样的主题活动，对于幼儿在语言、科学等领域的发展有很大的帮助。因为幼儿需要在观察、欣赏和交流的过程中感受秋季植物的变化，才能在绘画的过程中有所表现，所以教师也十分关注这样的过程，引导幼儿有序地观察，并用优美、恰当的词语进行表达，同时再配上抒情的音乐营造出秋天的美好氛围，使幼儿获得了多方面的发展。

3. 为了开展此次主题活动，教师也结合本班幼儿的水平，提前丰富了许多关于秋天的知识和经验，例如，秋季里最常见的植物是什么？秋季里最美的景色是什么？最适合孩子进行表现的又是什么……这些问题的研究对于开展主题活动有很大帮助，也提高了教师的教育教学能力。

主题三
奇妙之旅

主题活动

活动名称	区域活动	日常活动	游戏活动	家园共育
神气的我去旅行（蜡笔画）	在展示区展示自己外出旅游的照片	和同伴聊一聊自己在旅游中的见闻	音乐游戏"郊游"	和爸爸妈妈一起收集相关的旅行照片
带上爸爸妈妈一起出发啦（蜡笔画）	展示幼儿和爸爸妈妈旅游中的合照	交流：旅行中自己和爸爸妈妈一起发生的事	观察爸爸妈妈的主要特征	收集和爸爸妈妈在旅游时拍的照片
大头娃娃的王国（蜡笔画）	尝试运用泥贴的方式表现"大头娃娃"	欣赏、交流绘画作品	在小舞台提供大头娃娃面具供幼儿表演	欣赏动画片《大头儿子和小头爸爸》
啤酒肚肚的庄园（蜡笔画）	提供蜡笔让幼儿为绘画作品添加背景	交流：爸爸的"啤酒肚"	模仿秀"我是大肚子"	和爸爸妈妈一起欣赏自己的绘画作品
肥婆肥妈的村庄（蜡笔画）	继续完善自己的绘画作品	交流：你家谁最胖	按高矮、粗细、宽窄排序	帮助幼儿收集各种胖胖的人的图片
巨人国里来相聚（蜡笔画）	展示自己的绘画作品	观察、比较不同人物的不同特征	游戏"高人走、矮人走"	和爸爸妈妈欣赏文学作品《格列佛游记》
魔镜王国来狂欢（蜡笔画）	继续尝试用夸张的方法绘画不同形象的人	欣赏毕加索等大师的人物画作品	游戏"身体变变变"	和爸爸妈妈一起照哈哈镜，体验身体在哈哈镜中的变化

上学期
主题三 奇妙之旅

设计思路

艺术是幼儿自我表达的重要方式，中班幼儿随着认识和生活经验的不断丰富，不同人物的造型已经成了他们绘画中经常涉及的内容。本主题以我和我的家人为切入口，以历险的情景和内容为设计线索，通过欣赏、交流、想象、绘画、制作等方法，理解并学习运用夸张和变形的手法表现自己和家人的外形特点以及在历险过程中产生的变化，感受其中的乐趣。

核心目标

1. 通过欣赏、交流、想象、绘画、制作等方法，继续理解夸张、变形的艺术表现手法。
2. 在创作的过程中能够大胆想象，尝试运用夸张、变形的手法表现人的外形特征和在历险中产生的变化。
3. 能够围绕故事情境大胆想象在历险过程中遇到的奇妙的事情，并尝试用较连贯的语言进行表达。
4. 能耐心地参与制作活动，遇到困难能积极思考，寻求他人的帮助。

经验准备

1. 引导幼儿观察生活中不同的人，了解人物的体型多种多样，有高矮胖瘦，并初步了解他们的体型特征。
2. 和爸爸妈妈一起观看电影（或绘本）《大人国和小人国》、《爱丽丝梦游仙境》，对用夸张的手法表现不同体态的人物所产生的喜剧效果有所了解。照一照哈哈镜，体验人物变形后的趣味。
3. 和幼儿一起收集相关的主题资料，在布置主题墙过程中，对人物的体态变化有充分的了解。

物质准备

1. 教师：《大人国和小人国》、《爱丽丝梦游仙境》、《大头儿子和小头爸爸》的视频或绘本，哈哈镜，2号水粉笔（36只），水粉颜料（红色、黄色、蓝色、白色、玫红色、紫色），抹布（18条），黑色作业纸（长条形），彩色卡纸若干（用于衬托作品）。
2. 幼儿：蜡笔每人一盒（24色）。

活动设计

活动1 神气的我去旅行（蜡笔画）

▶ 活动目标

1. 通过观察、比较和交流，进一步了解自己的主要外形特征（包括发型、服饰）。
2. 尝试绘画一张"自画像"（完整的人），知道突出自己的特点和对服饰的喜好。
3. 能大胆作画，并学习耐心细致地勾画细节和运用色彩。

▶ 活动准备

1. 经验准备：在日常活动中引导幼儿观察、说说自己的外形特征。
2. 物质准备。
   - 教具：黑板，粉笔，选择几位外形特征有特点的幼儿拍成照片做成PPT。
   - 学具：幼儿带一张近期的全身照，幼儿人手一支黑色水彩笔、一盒蜡笔、白色A4纸。

▶ 活动过程

1. 围绕旅行，与幼儿一起相互交流，引起幼儿的活动兴趣。
   - 教师：你们都去过哪些地方旅行？
   - 教师：去旅行的时候你的心情怎么样呢？你会穿什么样的衣服，梳什么样的发型呢？
2. 相互欣赏幼儿外出旅行时的照片，引导幼儿细致观察。
   - 教师：看看你自己旅行时的样子是什么样的呢？和别人有什么不一样？男孩子和女孩子有什么不一样？
   - 教师：你们的表情是什么样的？眼睛有什么不一样？嘴巴呢？
   - 教师：女孩子都扎辫子了吗？发型有什么不一样？
   - 教师：穿着什么样的衣服呢？一样吗？
3. 幼儿绘画自己去旅行的样子，教师观察指导。

- 教师：我们把自己去旅行的样子画下来吧！先画什么，再画什么？
- 教师：你准备用什么样的线条来画自己的发型？
- 教师：你想给自己画什么样的衣服？上面有什么样的图案和花纹？
- 教师：用蜡笔涂颜色的时候要注意什么？

4. 展示幼儿作品，师幼共同评价欣赏。

- 教师：这是谁？他去旅行的时候是什么样的？谁还愿意来介绍自己的画？

设计要点：
1. 中班幼儿对绘画人物的各种细节还不敏感，教师应当强调引导幼儿观察自己独特的特点和服饰的细节。尝试表现具有独特性的细节。
2. 教师应当注意引导幼儿尝试运用多种色彩进行绘画和涂色，让他们体验色彩的丰富。

▶ 教学建议

- 区域活动：在展示区展示自己外出旅游的照片。
- 日常活动：和同伴聊一聊自己在旅游中的见闻。
- 游戏活动：玩音乐游戏"郊游"。
- 家园共育：和爸爸妈妈一起收集相关的旅行照片。

活动 2　带上爸爸妈妈一起出发啦（蜡笔画）

▶ 活动目标

1. 在回忆、观察、比较和相互交流的基础上，进一步了解爸爸妈妈的主要外形特征以及和自己在身高和体型上的差异。
2. 尝试表现一张"爸爸妈妈和自己"的合影（完整的人），知道突出家人的主要特征。
3. 能大胆作画，并学习耐心细致地勾画细节。

▶ 活动准备

1. 经验准备：幼儿观察过全家照，比较过家人的不同。
2. 物质准备。
- 教具：实物投影仪，电视。
- 学具：全家人一起旅行时的照片1~2张，黑色水彩笔人手一支，彩色A4打印纸人手一张（粉红色、黄色、蓝色、绿色），蜡笔人手一盒。

▶ 活动过程

1. 迁移和爸爸妈妈旅行时的经验，通过欣赏照片、相互交流等方式引发幼儿的兴趣。

- 教师：你和爸爸妈妈一起旅行过吗？你们一起旅行的时候爸爸妈妈打扮成什么样的？
- 教师：照片上的爸爸妈妈是什么样的？和你旁边的小朋友一起看着照片说一说你和爸爸妈妈的样子。

2. 集体交流，重点了解爸爸妈妈的主要外形特征以及和自己在身高、体型上的差异。
- 教师：爸爸是什么样的？妈妈是什么样的？（五官、发型、身高、胖瘦的特征）
- 教师：你自己和爸爸、妈妈有什么不同？（大小、高矮、发型、服饰等不同）
- 教师：去旅行时，爸爸妈妈和你分别穿着什么样的衣服？
- 教师：照片上还有什么？（背景）
- 小结：有的爸爸……（短头发、脸上有胡子、眉毛粗粗的、戴领带……），有的妈妈……（长头发、瘦瘦的……穿着裙子……），我是男（女）孩子，我的样子是……我喜欢穿……

3. 幼儿创作，教师观察指导。
- 教师：我们把和爸爸妈妈一起去旅行的样子画下来吧！一张纸上要画三个人，你想先画谁？画在什么位置？
- 教师：你家里谁可以画得高高的？谁可以画得矮矮的？
- 教师：爸爸妈妈和你会穿什么样的衣服？衣服上有什么样的花纹或图案？

4. 展示幼儿作品，幼儿和教师共同评价、欣赏。
- 教师：说一说你们全家一起去旅行的时候是什么样子的？
- 教师：爸爸和妈妈有什么不一样？

设计要点：
1. 这个活动要画三个特点不同的人物，教师应当引导幼儿注意区分三个不同人物的特点，如发型、脸部特征（爸爸的胡子、宝宝的红脸蛋等）、体态特征、服装特征等。
2. 绘画三个人物存在构图的问题，教师应当引导幼儿先画最高的爸爸，再画妈妈，最后画小小的宝宝，这样可以帮助幼儿简单调控画面的布局。

▶ 教学建议

- 区域活动：展示、欣赏小朋友和爸爸妈妈的合照。
- 日常活动：与同伴交流和爸爸妈妈去过的地方以及遇到的事。
- 游戏活动：观察、交流爸爸妈妈的主要特征。
- 家园共育：收集和爸爸妈妈出去旅行时拍的照片。

活动 3　大头娃娃的王国（蜡笔画）

▶ 活动目标

1. 通过观察、比较、交流和欣赏，理解人物局部"夸张"的艺术表现手法，感受大头娃娃形象的生动和可爱。
2. 尝试用"局部夸张"的手法表现一群可爱的、形象不同的大头娃娃，体验绘画的乐趣。

▶ 活动准备

1. 经验准备：幼儿看过《大头儿子和小头爸爸》的动画片。
2. 物质准备。
- 教具："大头娃娃"的图片。
- 学具：幼儿人手一支黑色水彩笔，白色A4纸，蜡笔人手一盒。

▶ 活动过程

1. 通过提问、谈话，激发幼儿猜想大头娃娃王国的情景。
- 教师：我们和爸爸妈妈第一站来到了哪里呢？
- 教师：这里是大头娃娃的王国，你想一想这里会是什么样的呢？这里的娃娃是什么样的呢？为什么你觉得他们的头会长得大大的呢？
- 教师：你在电视、动画片里看过可爱的大头娃娃吗？是什么样子的？
2. 引导幼儿欣赏"大头娃娃"的图片，通过欣赏、比较感受"大头娃娃"的可爱，初步了解夸张的表现手法。
- 教师：我们一起看看大头娃娃王国里的大头娃娃是什么样的，这些娃娃和我们有什么不一样呢？
- 教师：他们的头怎么样？大大的头、小小的身体让你觉得这些娃娃怎么样呢？
- 教师：他们的胳臂和腿是什么样的？和我们有什么不一样？
- 教师：学学他们的动作。
- 教师：你知道画家画这些可爱的大头娃娃的时候是用了什么手法吗？（夸张）什么是夸张呢？
- 教师：画家画娃娃的什么地方时用到了夸张的手法？
3. 幼儿创作《大头娃娃》，教师观察指导。
- 教师：今天我们也要来画一个大头娃娃，怎样才能突出大头娃娃头大的特点呢？
- 教师：一张纸上头画多大呢？

- 教师：你想画男娃娃还是女娃娃？想给他穿什么样的衣服，他会做什么样的动作？
4. 展示幼儿作品，与同伴相互交流、评价。
- 教师：你喜欢哪个大头娃娃，他是什么样的？大大的头怎么画呢？

设计要点：
1. 卡通形象大多采用头部夸张的表现手法。幼儿对卡通人物接触较多，会有较好的生活经验和审美体验。
2. 教师可以让每个幼儿带一张自己喜欢的卡通人物图片，便于同伴间的观察、交流和欣赏。
3. 教师还要引导幼儿进行对比观察，对比头部和身体的其他部位，体验头大的形象特点。

▶ **教学建议**
- 区域活动：尝试运用泥贴的方式表现"大头娃娃"。
- 日常活动：与同伴欣赏、交流自己绘画作品。
- 游戏活动：在小舞台游戏中提供大头娃娃面罩供幼儿表演。
- 家园共育：和爸爸妈妈共同欣赏《大头儿子和小头爸爸》的动画片。

活动4　啤酒肚肚的庄园（蜡笔画）

▶ **活动目标**
1. 在观察、比较、交流和欣赏的基础上，继续理解人物局部"夸张变形"的艺术表现手法，感受大肚汉的诙谐和风趣。
2. 尝试用"局部夸张变形"的手法表现两个不同大肚汉的外形特点。
3. 能大胆作画，并耐心细致地勾画细节。

▶ **活动准备**

1. 经验准备：幼儿见过大肚子的人或动画形象。
2. 物质准备。
   - 教具：大肚汉的图片。
   - 学具：幼儿人手一支黑色水彩笔，黄色、蓝色、绿色粉画纸若干，蓝色、绿色、黄色等蜡笔每组6～7支。

▶ **活动过程**

1. 通过猜想，引导幼儿想象啤酒肚庄园的情景，引起兴趣。
   - 教师：第二站我们来到了一个叫啤酒肚庄园的地方，想一想，这里会是什么样呢？
   - 教师：这里到处都是啤酒，这里的人特别喜欢喝啤酒，所以他们的肚子特别大，你们见过肚子特别大的人吗？是什么样的呢？
2. 引导幼儿欣赏"大肚汉"的图片，通过欣赏、交流感受"大肚汉"的诙谐和风趣。
   - 教师：这些有啤酒肚的叔叔、爷爷是什么样的？为什么看了他们想笑呢？
   - 教师：他们的什么地方最有意思？（肚子）他们的肚子是什么样子的呢？
   - 教师：大大的肚子像什么？有多大？（学一学）
   - 教师：有的叔叔肚子很大，撑得衣服都要怎么样了？
   - 教师：叔叔和爷爷都是男的，从脸上看他们和女生有什么不一样？他们还喜欢穿什么样的衣服？
3. 迁移大头娃娃夸张的表现手法，幼儿创作《啤酒肚》，教师观察指导。
   - 教师：这些大肚子叔叔、爷爷怎么画呢？怎么突出他们大大的肚子呢？我们可以用什么方法呢？（夸张、肚子画大，其他部位画小一点）
   - 教师：你想画大肚子的叔叔还是爷爷？叔叔和爷爷有什么不一样呢？
4. 展示幼儿作品，评价。

设计要点：建议教师在区域中让幼儿观看人们欢聚在一起畅饮啤酒的场面，了解常喝啤酒的人会有啤酒肚，有助于幼儿理解绘画人物的内容和特征。教师可结合音乐活动"啤酒桶皮尔卡"丰富幼儿对啤酒庄园里欢乐场景的想象。

教学建议

- 区域活动：在美术角提供蜡笔让幼儿为画面添加背景。
- 日常活动：交流爸爸的"啤酒肚"。
- 游戏活动：模仿秀"我是大肚子"。
- 家园共育：和爸爸妈妈一起欣赏自己的绘画作品。

活动5 肥婆肥妈的村庄（蜡笔画）

活动目标

1. 通过观察、比较、交流和欣赏，理解人物整体"夸张变形"的艺术表现手法，感受肥婆肥妈体态的臃肿、姿态的妖娆。
2. 学习用人物"整体夸张变形"的手法表现2～3个不同姿态肥婆的外形特点。
3. 能大胆作画，并耐心细致地勾画细节和运用色彩。

活动准备

1. 经验准备：幼儿在日常或动画作品中见过特别胖的人。
2. 物质准备。
- 教具：体态肥胖的女性的图片和卡通图片的PPT。
- 学具：幼儿人手一支黑色水彩笔，一张白色A4画纸，红色、粉色、黄色等蜡笔每组7～8支。

活动过程

1. 出示肥婆肥妈的图片，引起幼儿参与讨论的兴趣。
- 教师：第三站我们来到了哪里呢？看看这里的人是什么样的？（出示肥婆肥妈的图片）
- 教师：猜猜这里是什么地方？这里会是什么样的呢？
- 教师：这里是肥婆村，这里的妈妈、奶奶都长得肥胖胖的。你见过这样的阿姨或者奶奶吗？猜猜她们为什么这么胖呢？可能是因为什么呢？
2. 引导幼儿细致欣赏PPT，感受肥婆肥妈体态的臃肿、姿态的妖娆，理解人物整体"夸张变形"的表现手法。

- 教师：仔细看看，这些阿姨、奶奶哪里胖？（脸、身体、腿、胳膊）
- 教师：脸像什么，身体像什么？腿和胳膊是什么样的？像什么？
- 教师：她们虽然变胖了，还是很爱美，从哪里可以看出来？她们穿了什么样的衣服？
- 教师：身上还戴着什么好看的饰品？走路的时候做着什么样的动作？

- 教师：我们怎么画这些胖胖的阿姨和奶奶呢？怎样画出她们胖胖的样子？可以把哪里画得胖？
3. 幼儿创作《肥婆肥妈》，教师观察指导。
- 教师：你想画胖胖的阿姨还是奶奶？奶奶和阿姨哪里不一样？
- 教师：她们会穿上什么样的衣服？做什么样的动作？
- 教师：画胖胖的阿姨时，纸应该怎么放？怎样把纸画满？
4. 展示幼儿作品，评价。
- 教师：哪个阿姨特别胖？你是怎么画出这么胖的阿姨的？

▶ 教学建议
- 区域活动：继续完善自己的绘画作品。
- 日常活动：交流"你家谁最胖"。
- 游戏活动：按高矮、粗细、宽窄排序。
- 家园共育：帮助幼儿收集各种胖胖的人的图片。

活动6　巨人国里来相聚（蜡笔画）

▶ 活动目标
1. 通过观察、比较、交流和欣赏，理解人物整体"夸张变形"的艺术表现手法，感受巨人的高大和威武。
2. 尝试用人物"整体夸张变形"的手法表现2~3个不同姿态巨人的外形特点。
3. 学习与同伴共享空间和绘画工具材料，尝试小组共同作画。

▶ 活动准备
1. 经验准备：幼儿看过个子特别高的人或动画形象。
2. 物质准备。
- 教具："巨人"图片。
- 学具：幼儿人手一支黑色水彩笔，每组一张画纸（4开左右的铅画纸）或黑色卡纸，两盒彩色蜡笔。

▶ 活动过程
1. 通过交流、讨论，猜想关于"巨人国"的场景，引起幼儿兴趣。
- 教师：现在我们来到了什么地方？（教师出示巨人的图片）
- 教师：这里的人长得怎么样？（很高很高）你们在生活中或在电视上看过像巨人一样的人吗？巨人国会是什么样的呢？
2. 观察巨人的图片，感受巨人的高大威武，继续理解人物整体"夸张变形"的表现手法。
- 教师：仔细看看，巨人是什么样子的？给你什么样的感觉？
- 教师：我们和巨人站在一起有什么不一样？

- 教师：巨人的什么地方长得特别长？除了身体还有哪里也很长？（我们用小手画一画）
- 教师：巨人国里除了叔叔特别高，还有谁也特别高？（巨人国里每一个人都很高很高）

3. 幼儿创作《巨人》，教师观察指导。

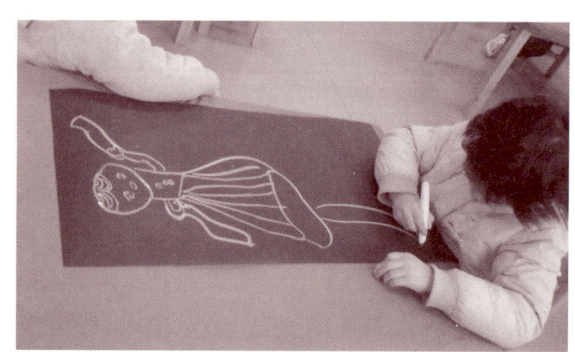

- 教师：我们把巨人国的人画下来吧！你想画巨人国里的谁呢？
- 教师：巨人爸爸和巨人妈妈有什么不一样呢？会穿什么样的衣服呢？
- 教师：看看今天的画纸是什么样的？怎样用这样的画纸画出高高的巨人呢？横着画还是竖着画？从纸的哪里开始画？一直画到哪里？

4. 展示幼儿作品，相互欣赏和评价。

- 教师：说一说你画的巨人国的巨人是什么样的。

设计要点：
1. 教师在活动前讲述《格列佛游记》的故事片段，和幼儿一起创编、讲述有关巨人的生活和故事，帮助幼儿理解什么叫巨人，丰富幼儿对巨人的想象和理解。
2. 教师在出示巨人的图片时，应当提供小的人物在巨人旁边，以供幼儿对比、观察，更好地理解和感受巨人的体态高大。

▶ **教学建议**
- 区域活动：展示自己的绘画作品，也可以用蜡笔画出轮廓后，用水粉涂色。
- 日常活动：观察、比较照片上不同人物的形象特征。
- 游戏活动：玩体育游戏"高人走、矮人走"。
- 家园共育：和爸爸妈妈欣赏文学作品或动画《格列佛游记》。

活动 7　魔镜王国来狂欢（蜡笔画）

▶ **活动目标**
1. 通过回忆、交流自己在哈哈镜中发生的变化，想象照了魔镜后自己和家人会发生的变化，感受人物体态的丰富和有趣。
2. 尝试用"夸张"的方法将爸爸妈妈和自己的体态进行有趣的变形，体验绘画的乐趣。
3. 学习与同伴共享空间和绘画工具，尝试小组共同作画。

▶ **活动准备**
1. 经验准备：幼儿照过哈哈镜，体验过身体在镜中变形的乐趣。
2. 物质准备。
- 教具：身体变形夸张的人的图片。
- 学具：深蓝色、紫色、红色、深绿色等深色水彩笔每组7～8支，白色A4画纸人手一张。

▶ **活动过程**
1. 通过谈话、讨论，激发幼儿想象"魔镜王国"的有趣情景，引发幼儿的兴趣。
- 教师：我们的旅行来到了最后一站，就是神奇的魔镜王国，这里到处都是神奇的魔镜，照了这些魔镜身体会变得非常有趣，猜一猜会变成什么样呢？
2. 欣赏图片，了解、交流人物的夸张变形特征，感受人物体态的丰富和有趣。
- 教师：看看这些魔镜王国的人和平时有什么不一样呢？哪里不一样？
- 教师：头变成什么样？像什么？身体呢……
- 教师：还有哪里会有变化？会变成什么样呢？
- 教师：看了这些人，你有什么感觉？
- 教师：魔镜王国的人邀请我们大家一起来狂欢，听着音乐一边唱歌一边跳舞，狂欢的时候我们的心情怎么样？会做什么样的动作呢？谁来学一学呢？

3. 幼儿创作，教师观察指导。
- 教师：我们把在魔镜王国狂欢的情景画下来吧！这张画纸就是一面魔镜，你想在魔镜里画自己还是爸爸或者妈妈呢？有什么不一样呢？
- 教师：怎样画出照魔镜时身体发生的有趣变化呢？头会变得怎样？肩膀呢？身体、肚子呢？还有手和腿呢？

4. 展示幼儿作品，评价。
- 教师：你的魔镜里有谁，他们变成什么样了？

设计要点：
1. 教师可以用银色的即时贴制作具有哈哈镜效果的简易镜子，在活动前给幼儿照照、玩玩，使其感受和体验哈哈镜里的人物在体态变形后的夸张和趣味性。
2. 如果幼儿缺乏照哈哈镜的生活经验，教师可提供被哈哈镜照变形后的人物图片，供幼儿观察。

▶ **教学建议**
- 区域活动：在美术角继续尝试绘画各种夸张变形的人（夸张部位不同）。
- 日常活动：欣赏毕加索等大师的人物画作品。欣赏、交流各种夸张变形的人物作品或照片。
- 游戏活动：和同伴玩"身体变变变"的游戏。
- 家园共育：和爸爸妈妈一起照哈哈镜，体验身体在哈哈镜中的变化。

主题评析

1. 我们根据中班幼儿的年龄特点和绘画水平，以"我和我的家人"为切入口，以历险的情景和内容为线索，设计了整个主题，并将主题分为三个层次来进行，三个层次层层递进。第一个层次：学习画完整的人；第二个层次：创设历险的故事情境，运用夸张、变形的手法，用简单的线条表现人的外形特征和在历险中产生的变化。这一过程中，从人物局部夸张变形到整体的夸张变形进行表现，由易到难。第三个层次：经验的拓展，对人物体态进行有趣的变形。通过照哈哈镜，想象照了魔镜后会发生什么样的变化，用"夸张"的方法表现人物，也是对之前开展的一系列表现人物局部或整体夸张变形的经验的拓展。

2. 在主题开展的过程中，不仅发展了幼儿的观察力、想象力、语言表现力，还使幼儿了解了"夸张"的艺术表现手法，并能将其运用到绘画中。

3. 在主题的开展中，教师收获很大，我们发现除了要选择较为丰富的、夸张的图片让幼儿欣赏，主题中提供的材料也很重要。如"巨人国里来相聚"活动中给幼儿提供了长条形的纸画巨人，以给幼儿一定的暗示；"啤酒肚肚的庄园"活动中给幼儿提供了黄色、蓝色、绿色等以冷色为主的纸画大肚汉；又如"魔镜王国来狂欢"活动中，教师提供了深色水彩笔，引导幼儿用线条画的方式表现，给人有趣、魔幻的感觉。幼儿绘画的作品被剪下来后，我们还用不同颜色的卡纸衬出来，如黑色水笔画的线条画"大头娃娃"用红色卡纸衬底，魔镜王国里的人用彩色的卡纸衬底，效果很好。

主题四
开心乐园

主题活动

活动名称	区域活动	日常活动	游戏活动	家园共育
开心游乐园（交流）	观察、了解班级布置的"游乐园"场景，熟悉场景中的内容	与同伴交流自己在游乐园的所见所闻	玩"小火车"游戏，体验游乐场的有趣情境	带幼儿去附近的游乐园，拍摄幼儿游戏时的照片
宝宝照张大头贴（绘画）	相互欣赏、展示自己平时拍摄过的大头贴照片	观察自己在大头贴上的五官及因为五官变化所产生的不同表情，理解五官和表情的关系	做出不同的表情，与同伴一起玩拍照游戏	和爸爸妈妈一起去大头贴机器前照相
发型设计馆中显身手（线描画）	继续学习撕纸粘贴的技能，装饰作品的背景	欣赏、交流各种各样不同的发型（儿童、成人）	在"理发店"游戏中尝试用发套制作假发，为同伴更换不同的发型	为幼儿收集各种各样的发型图片，丰富幼儿关于发型的经验
爸爸妈妈来合影（绘画）	展示、欣赏自己和爸爸妈妈一起合影的照片，重点观察爸爸、妈妈和自己五官的变化	相互交流："爸爸和妈妈的五官有什么不一样"	在"照相馆"游戏中和同伴玩合影的游戏	收集自己和爸爸妈妈在游乐园中的合影照片
欢乐谷中笑哈哈（线描画）	尝试用泥贴的方法表现自己哈哈大笑时的面部五官	细致观察、交流自己和同伴在哈哈笑时的五官变化	展示、交流幼儿作品，发现眼睛、嘴巴在笑的时候的明显变化	与幼儿一起在游乐园玩他们最喜欢的游乐项目
好可怕的图腾（水粉画）	在美工区制作纸筒人，运用多种废旧材料有创意地表现面部五官	了解图腾的文化背景，感受夸张的艺术表现形式	玩"五官变变变"的游戏，继续理解夸张的艺术表现形式	与幼儿一起收集关于图腾的背景知识，了解图腾
走进鬼脸城（制作）	尝试在面具模具上运用水粉颜料表现可怕的鬼脸	交流关于形容鬼脸的词语，丰富幼儿的语言表达能力	在表演游戏中带上自己制作的鬼脸面具进行表演	帮助幼儿收集各种各样的鬼脸图片，丰富幼儿关于鬼脸的经验
疯狂一家人（绘画）	在美工区继续学习制作画框装饰自己的美术作品	回忆、交流自己和爸爸妈妈在游乐园疯狂游戏时的体验和感受	理解疯狂的含义，感受五官的变化	与幼儿在游乐园一起疯狂地游戏

设计思路

游乐场是幼儿最喜欢、情感体验最丰富的地方，在游乐场幼儿时而开心、时而恐惧、时而疯狂。本主题以游乐场中嬉笑玩耍的经验为切入口，以游乐场中不同情绪情感的表达为主要线索，通过观察、交流、欣赏、讨论和绘画等方式，加深情感体验，并学习用夸张的方法表现不同情绪情感下自己或同伴的面部表情，提高幼儿审美感受和创造的能力。

核心目标

1. 通过亲身体验、细致观察、相互交流，了解人在不同情绪情感下的面部表情变化，感受其中的乐趣。
2. 通过欣赏作品，理解夸张的艺术表现方法，并尝试运用夸张的方法表现不同的情绪情感。
3. 学习用较丰富的词汇表达自己的情感体验。
4. 尝试运用多种方式表现人物面部蕴含的不同的情绪情感，了解不同工具、材料的使用方法。

经验准备

1. 请家长带孩子到游乐园玩，体验游乐园的各种有趣项目，感受游玩时的快乐。
2. 引导幼儿观察人们在游玩时因情绪变化所引起的面部表情的变化。
3. 和幼儿一起收集一些人物漫画作品，布置在班级区域内，引导幼儿观察和欣赏，初步感知夸张变形的艺术表现手法。

物质准备

1. 教师：镜子（人手一面），A4大小作业纸（白色和彩色），黑色画纸人手一张（长形、方形、葫芦形），水粉颜料（橙色、粉色、绿色、黄色、蓝色），黑色水彩笔，24色蜡笔，4号水粉笔（36只），高矮不同的纸筒，蜡光纸，皱纹纸，乳胶，双面胶，抹布，毛线，小亮片，半成品（小纸杯、纸揉成球、纸花），粉笔。
2. 幼儿：自己的大头贴照片（1~2张）。

活动设计

活动1 开心游乐园（交流）

▶ 活动目标

1. 在经验回忆、相互分享和不断讨论中，初步了解游乐园的一些常见的游乐项目以及游玩时的心理体验，感受分享游玩过程带来的快乐。
2. 大胆在集体面前表达自己在游乐园的见闻和心理体验。
3. 对本班级即将开展的"开心游乐园"活动有初步的了解。

▶ 活动准备

1. 经验准备：有去游乐园游玩的经验。
2. 物质准备。
- 教具：制作与主题活动进程、内容有关的版面或展示墙，布置在教室内或走廊上（包括路边大头贴、发型设计馆、照相馆、欢乐谷、图腾柱、鬼脸城等设施）；实物投影仪，电视，照相机。
- 学具：每人准备1~2张自己在游乐场玩的照片。

▶ 活动过程

1. 调动幼儿已有经验，引导幼儿回忆自己在游乐场玩耍的情景。
- 教师：你们去过游乐园吗？有什么好玩的游乐项目？你最喜欢玩什么？
- 教师：游乐园里除了有好玩的游乐项目，还有什么？
2. 幼儿相互交流自己带来的照片，表达自己在游乐场的感受和体验。
- 教师：和你们旁边的好朋友一起看着照片，说一说你在游乐场的情景。
- 教师：谁愿意和大家说一说？
- 教师：我们在游乐场玩的时候都很开心！这时候，我们的脸上是什么样的表情？眼睛、嘴巴会有什么变化？

- 教师：除了玩好玩的游乐项目很开心，在游乐园还有什么让你开心呢？（看别人玩、和爸爸妈妈一起照相、野餐的时候）

3. 通过欣赏版面或墙饰，了解我们班即将开展的"开心游乐园"活动。
- 教师：我们班也有一个开心游乐园，看看这个游乐园里有些什么好玩的地方呢？
- 教师：猜一猜这里面有什么好玩的？我们到这里来可以干什么？玩什么？

4. 与幼儿一起排队玩开火车游戏，再现游乐园的愉快情景。
- 教师：呜呜呜，游乐园的火车就要开了，快上车吧，我们一起去游乐园咯，小火车一会快，一会慢，你们要系好安全带哦！轰隆隆，火车出发啦！经过很多有趣的地方，你开心吗？你害怕吗？火车要冲下山啦，疯狂起来吧！

> **设计要点**：引导幼儿在相互交流、分享、回忆中进一步了解游乐园一些好玩的游乐项目，游玩时的心理体验，游客们的面部表情（如笑时的眼睛、嘴巴的变化）。请家长引导孩子观察人们在游玩时的表情并拍下来。

▶ 教学建议
- 教学变式：有条件的幼儿园，可以玩自拍游戏，让幼儿在自拍中，发现自己的面部表情变化。
- 区域活动：观察、了解班级布置的"游乐园"场景，熟悉场景中的内容。
- 日常活动：与同伴交流自己在游乐园的所见所闻。
- 游戏活动：玩"小火车"游戏，体验游乐场的有趣情境。
- 家园共育：带幼儿去附近的游乐园，拍摄幼儿游戏时的照片。

活动2 宝宝照张大头贴（绘画）

▶ 活动目标
1. 通过观察、交流和比较，进一步了解自己的面部特征。
2. 尝试在有相框的作业纸上表现一张面部的"大头像"，知道突出自己的面部特点。
3. 能大胆作画并耐心细致地勾画细节和运用色彩。

▶ 活动准备
1. 经验准备：有照大头贴的经验，对自己的五官有一定的了解。
2. 物质准备。
- 教具：大头像范画。
- 学具：人手一面镜子，幼儿自带大头贴照片，有相框的A4作业纸，黑色水彩笔，各色蜡笔。

▶ 活动过程

1. 迁移幼儿照大头贴的经验,激发幼儿创作的欲望。
- 教师:开心乐园门口有一个照大头贴的地方,你照过大头贴吗?大头贴照片上的你是什么样的?

2. 出示大头像范画,细致引导幼儿观察面部的五官。
- 教师:这里有几个孩子也照了一些大头像,这些大头像是什么样的?
- 教师:这些大头像有什么不同?眼睛是什么样的?眼睛周围还有什么?(睫毛)鼻子长在哪里?是什么样的?嘴巴呢?有几片嘴唇?耳朵呢?长在哪里?耳朵是什么样的?
- 教师:脸上除了这些五官,还有什么?眉毛是什么样的?有什么不同?头发呢?每个人的头发一样吗?

3. 引导幼儿观察自己的大头贴,讨论运用绘画的方法表现自己的大头像,幼儿创作作品。
(1)观察自己的面部特征,讨论表现方法。
- 教师:我们也来画一画自己的大头像吧,你们在大头贴上是什么样的呢?脸是大大的,还是小小的?仔细照一照镜子,看看你和同伴的样子有什么不一样。
- 教师:我们在画大头像的时候先画什么呢?然后画什么?
- 教师:可以用什么样的线条来画头发?还可以用什么方法来画头发呢?(用不同的形状)
- 教师:眼睛有眼眶、眼珠、睫毛,怎么画呢?鼻子有鼻梁、鼻孔,怎么画?嘴巴有上下嘴唇,怎么画?

(2)幼儿作画。
- 教师:画的时候可以看一看镜子和自己的大头贴,把自己的样子画完整。涂颜色的时候小心、细致,用不同的颜色表现自己的五官,脸上可以不用涂颜色。

4. 展示幼儿的作品,相互欣赏和交流。
- 教师:这是谁的大头像?你是怎么画自己的大头像的?在画的时候还遇到了什么困难?

设计要点:幼儿通过照镜子进一步了解自己的面部特征,并用大头贴的方式来画大头照,增强了活动的兴趣。作业纸需要有相框,由于幼儿在小班有过简单装饰相框的经验,所以在本活动开始前可以利用区域活动让幼儿自己装饰一个相框。幼儿在有相框的作业纸上创作,增强了作品的艺术效果。

▶ **教学建议**
- 区域活动：相互欣赏、展示自己平时拍摄过的大头贴照片。
- 日常活动：观察自己在大头贴上的五官及因为五官变化所产生的不同表情，理解五官和表情的关系。
- 游戏活动：做出不同的表情，与同伴一起玩拍照游戏。
- 家园共育：和爸爸妈妈一起去大头贴机器前照相。

活动3 发型设计馆中显身手（线描画）

▶ **活动目标**
1. 通过观察、交流、比较和欣赏，感受发型的千变万化和传达出的艺术美。
2. 尝试用简单的线条（直线、斜线、螺旋线等）为妈妈设计一款发型。

▶ **活动准备**
1. 经验准备：幼儿有绘画发型的经验。
2. 物质准备。
- 教具：各种女性发型的图片PPT。
- 学具：A4彩色作业纸，黑色水彩笔。

▶ **活动过程**
1. 引出发型设计馆的话题，引起幼儿参与的兴趣。
- 教师：开心乐园里有个发型设计馆，我们进去为妈妈设计一个漂亮的发型吧。你见过什么样漂亮的发型呢？
2. 出示各种各样的发型图片，引导幼儿欣赏、观察不同的发型。
- 教师：发型设计馆展示了很多好看的发型，我们一起看一看。你喜欢什么样的发型？是什么样的呢？
- 教师：这些扎起来的发型有什么不一样？（辫子有长有短、有多有少，辫子和发髻的位置有高有低）
- 教师：披下来的发型有什么不一样？（有卷有直）这些卷卷的头发又有什么不一样？卷卷的头发怎么画？用什么样的线条画呢？（弹簧线、螺旋线、波浪线、折线）
- 教师：额头前面的刘海是什么样的？怎么画呢？
3. 幼儿为妈妈设计各种各样的发型，教师巡回指导。
- 教师：你想为妈妈设计什么样的发型呢？还可以在头发上画上什么样的装饰呢？记得额头前面还有好看的刘海哦！
4. 展示幼儿为妈妈设计的发型，相互欣赏、交流。
- 教师：你为妈妈设计了什么样的发型？如果妈妈梳着这样的发型和我们一起去游乐园心情会怎么样呢？

设计要点：在小班的"快乐一家人"主题中，幼儿已经初步掌握了一些简单发型的画法，本活动可以在幼儿已有经验的基础上提升幼儿对各种发型的认识，引导幼儿对发型的细节进行观察，关注发型的"形"、"色"的变化。

▶ **教学建议**
- 区域活动：继续学习撕纸粘贴的技能，装饰作品的背景。
- 日常活动：欣赏、交流各种各样不同的发型。（儿童、成人）
- 游戏活动：在"理发店"游戏中尝试在发套上粘贴不同长短、曲直的包装绳制作假发，为同伴更换不同的发型。
- 家园共育：为幼儿收集各种各样的发型图片，丰富幼儿关于发型的经验。

活动4　爸爸妈妈来合影（绘画）

▶ **活动目标**
1. 在观察、比较和交流的基础上，了解爸爸妈妈和自己在脸型、五官和发型上的不同。
2. 尝试在有相框的作业纸上表现一张"全家福"，知道突出家人面部的显著特征和不同发型的特点。
3. 能大胆作画并耐心细致地勾画细节和运用色彩。

▶ **活动准备**
1. 经验准备：有和爸爸妈妈一起合影的经验。
2. 物质准备。
- 教具：黑板，粉笔，合影范画。
- 学具：幼儿和爸爸妈妈的合影照片，黑色水彩笔，一盒蜡笔，桌布，白色A4作业纸。

▶ **活动过程**
1. 引出话题，激发幼儿创作的欲望。
- 教师：开心乐园真好玩，我们和爸爸妈妈一起合个影吧。

2. 欣赏自己和爸爸妈妈的合影，了解爸爸、妈妈和自己在脸型、五官以及发型上的不同。
- 教师：看看你们和爸爸妈妈的合影，你和爸爸妈妈长得有什么不一样？脸型有什么不一样？五官呢？发型呢？
- 教师：仔细看看爸爸是什么样的？（头发、眉毛、嘴巴）
- 教师：爸爸短短的头发怎么画？粗粗的眉毛怎么画？眼睛怎么画？爸爸有胡子吗？画在哪里？
- 教师：妈妈很漂亮，化了妆的妈妈是什么样子的？大大的眼睛怎么画？
- 教师：你们和爸爸妈妈一起合影的时候会做什么动作呢？你会站在什么位置呢？

3. 幼儿创作，教师巡回指导。
- 教师：要画三个人怎么办？怎样在画纸上画出三个人呢？先画谁？画什么？（提示幼儿可以先画三个人的脸部轮廓进行画面的定位）
- 教师：看看爸爸妈妈的脸上还少了什么？还有什么没有画的？（提醒幼儿完整表现自己和爸爸妈妈的五官）

4. 展示幼儿作品，相互欣赏。
- 教师：你和爸爸妈妈一起在游乐园合影时的心情怎么样？你是怎么表现高兴的样子的？

设计要点：本次活动已经从前面对活动单个人物的表现过渡到对一家三口的表现上，教师要注意引导幼儿观察一家三口人物的不同面部特征，注重细微处的特点，这样表现才会生动。我们从绘画内容来看已经不仅仅是对人物五官的表现，还有对简单布局的思考在其中。

▶ **教学建议**

- 区域活动：展示、欣赏自己和爸爸妈妈一起合影的照片，重点观察爸爸、妈妈和自己五官的变化。
- 日常活动：相互交流"爸爸和妈妈的五官有什么不一样"。
- 游戏活动：在"照相馆"游戏中和同伴玩合影的游戏。
- 家园共育：收集自己和爸爸妈妈在游乐园中的合影照片。

活动5 欢乐谷中笑哈哈（线描画）

▶ **活动目标**

1. 通过对多幅（大笑的人）漫画作品的细致观察、讨论和交流，感受作品所带来的积极情绪体验。
2. 理解夸张的艺术表现方法（重点引导表现嘴巴和眼睛），迁移自己的情感体验，尝试用夸张的方法表现自己或家人在游乐园哈哈大笑的样子。

▶ **活动准备**

1. 经验准备：幼儿去过游乐园，并有愉快的情绪体验。
2. 物质准备。
   - 教具：各种大笑人的漫画PPT。
   - 学具：彩色画纸（橙色、粉色、绿色、黄色、蓝色等），水彩笔。

▶ **活动过程**

1. 调动已有经验，引起幼儿兴趣。
   - 教师：你们去游乐场玩得开心吗？开心的时候我们都会笑，笑起来的时候是什么样子的？嘴巴是什么样的？眼睛呢？
2. 出示"哈哈大笑的漫画"，引导幼儿细致观察，理解漫画中的夸张手法。
   - 教师：看看这些画中的人笑起来的时候是什么样的？他们笑起来的时候什么变得很大？嘴巴变成什么样了？像什么？露出了什么？像什么？我们来学一学。
   - 教师：这些漫画里哈哈大笑的人的嘴巴画得特别大，画得很夸张，什么是夸张呢？（把大的画得更大，小的画得更小）
   - 教师：看看还有哪里画得也很夸张？他们的眼睛变成了什么样？像什么？我们来学一学。
   - 教师：脸型呢？有什么变化？什么地方让你觉得很夸张？像什么？
3. 幼儿迁移已有的情感体验，尝试运用夸张的方法表现自己或父母在游乐园哈哈大笑的样子。

- 教师：我们也来用夸张的手法把自己在游乐园玩的时候哈哈大笑的样子画下来。先画什么呢？接下来画什么？为什么先画嘴巴？（笑起来时的嘴巴很大）眼睛要画得怎样？

4. 展示幼儿作品，引导幼儿相互欣赏和交流。

- 教师：看看大家在游乐园哈哈大笑的时候是什么样子的？

设计要点：本次活动是以线描画的形式来表现，这样的工具材料有利于幼儿用丰富的线条和图形来表现人物的细节。对于夸张变形的艺术表现手法，幼儿能从漫画中感受和理解，教师把重点放在嘴巴和眼睛上，有利于幼儿突出重点，有效地进行创作。

▶ **教学建议**

- 区域活动：尝试用泥贴的方法表现自己哈哈大笑时的面部五官。
- 日常活动：细致观察、交流自己和同伴在哈哈笑时的五官变化。
- 游戏活动：展示、交流幼儿作品，发现眼睛、嘴巴在笑的时候的明显变化。
- 家园共育：与幼儿一起在游乐园玩他们最喜欢的游乐项目。

活动6　好可怕的图腾（水粉画）

▶ **活动目标**

1. 通过观察、比较、交流和欣赏，了解图腾（人物）形象的基本特征以及它所蕴含的文化。
2. 继续理解夸张变形的艺术表现手法，尝试用夸张的手法表现一个图腾（人物）形象。

▶ **活动准备**

1. 经验准备：幼儿了解过相关的图腾文化。

2.物质准备。
- 教具:"图腾"PPT。
- 学具:不同规格的黑色画纸人手一张,各色水粉颜料,水粉笔。

> 活动过程

1.通过观察、比较、交流和欣赏,了解图腾(人物)形象的基本特征以及它所蕴含的文化。
   (1)欣赏单个图腾柱,了解图腾形象的基本特征,感受其给人的威严感和震慑感。

- 教师:我们一起欣赏一根很特别的柱子,你感觉怎么样?
- 教师:柱子上刻了什么?老鹰站在哪里?人是什么样的?
- 教师:眼睛是什么样的?(特别大)
- 教师:眼珠是什么样的?嘴巴是什么样的?什么形状?
- 教师:你们也试一试瞪大眼睛,张开大嘴巴,互相看一看,觉得怎样?
- 小结:图腾柱看上去很高很高,柱子上会刻一些人物和动物,这些人物和动物都瞪着大大的眼睛,张着大大的嘴巴,看上去非常可怕,你知道雕刻艺人用了什么样的艺术手法来表现的吗?(夸张)

(2)欣赏多幅图腾柱图片,感受图腾形象的丰富性。
- 教师:我们再来看看这些柱子上刻了什么样的人?哪些地方用了夸张的手法?我们一起按照从上到下的顺序来看看说说。
- 教师:这个人头上的形象会是什么?什么样的?用手画一画。他的眼睛怎么样?他的鼻子怎么样?旁边还有什么?(鼻翼)鼻子下面这会是什么?是什么样的呢?他的嘴巴怎么样?嘴巴下面的是什么?什么样的?用手画一画。
- 教师:我们再来看一看这些柱子上的人又是什么样的呢?
- 小结:这些柱子上刻的人都不一样,有的……有的……还有的……这些人的五官都用了什么手法?(夸张变形)看上去怎么样?(很威猛、很精神……)

(3)欣赏一些图腾柱图片,简单了解和图腾柱有关的文化。
- 教师:图腾柱一般建在什么地方?为什么要建图腾柱?
- 小结:在古代,人们都住在这样的帐篷里,很多人住在一起,就像一个大家庭一样。帐篷用什么做的?布做的房子结不结实?如果遇到一些困难,比如刮风、一些野兽闯进来,那怎么办呢?那时的科技不发达,人们就会刻一些夸张变形、看上去很威猛的

人在高高的柱子上，放在他们帐篷旁边，远远地就能看到，希望自己能够得到保护，不会受到伤害。这些柱子就是图腾柱。

- 教师：现在科技越来越发达，图腾柱也有了其他的作用。一起来看看，我们看到的图腾柱上有哪些颜色？这些颜色使这些图腾柱看上去更怎么样？

2. 尝试用夸张的手法表现一个图腾（人物）形象。

- 教师：我们也来做一个图腾柱，每一位小朋友画一张脸，拼成一个高高的图腾柱。看看老师给你们准备了什么样的作业纸？你喜欢什么样的脸，就可以选择什么样的作业纸。
- 教师：怎么才能画出一张威猛的脸？用什么样的颜色？画什么样的五官？

3. 欣赏与评价。

- 教师：看看我们画的图腾柱，感觉怎么样？图腾柱上画了一些什么样的人？

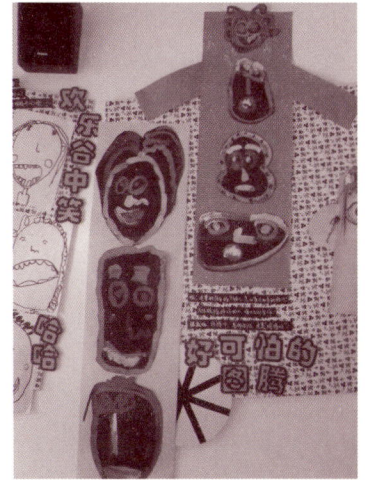

设计要点：图腾崇拜是一种传统的祭祀文化，幼儿虽然不能深刻地理解其中的含义，但是图腾柱上夸张的人物形象、具有民族风格的色彩，很能抓住幼儿的眼和心。教师要引导幼儿细致观察并充分感受，在此基础上，尝试用合适的五官表情来表现一种威严的形象。

▶ **教学建议**

- 区域活动：在美工区制作纸筒人，运用多种废旧材料有创意地表现面部五官。
- 日常活动：了解图腾的文化背景，感受夸张的艺术表现形式。
- 游戏活动：玩"五官变变变"的游戏，继续理解夸张的方法。
- 家园共育：与幼儿一起收集关于图腾的背景知识，了解图腾。

活动 7　走进鬼脸城（制作）

▶ **活动目标**

1. 初步学习在制作纸筒鬼脸的过程中，根据自己的想象或者现有材料进行操作和装饰，体验和同伴共建鬼脸城的乐趣。
2. 迁移已有经验，继续学习撕纸、粘贴的技能，尝试在纸筒上运用多种材料表现想象中的鬼脸造型。
3. 知道节约材料，和同伴共享制作材料和空间。

▶ **活动准备**

1. 经验准备：幼儿有使用双面胶和乳胶的经验。
2. 物质准备。
   - 教具：纸筒鬼脸的范样。
   - 学具：高矮不同的纸筒，蜡光纸，皱纹纸，乳胶，小段双面胶，抹布，毛线，小亮片，半成品（小纸环、纸揉成球、纸花）。

▶ **活动过程**

1. 出示纸筒鬼脸的范样，引起幼儿的兴趣和参与的愿望。
   - 教师：你去过游乐园里的鬼脸城吗？在那里你见到了什么样的鬼脸？
   - 教师：看看这里的鬼脸是什么样的？（出示纸筒鬼脸的范样，引起幼儿兴趣）这里的鬼脸是用什么做的？怎么做的呢？
2. 出示各种制作纸筒鬼脸的材料，引导幼儿想象、讨论、制作各种各样的纸筒鬼脸。
   （1）教师帮助幼儿进行制作活动的双向思维——因意选材和因材施意。
   - 教师：我们也来建造一个鬼脸城吧，这里的鬼脸可能会是什么样的呢？有几只眼睛？鼻子会长什么样？头上除了头发还会有什么呢？嘴巴是什么样的？牙齿是什么样的？
   - 因意选材——看看你面前的这些制作材料，你们认识吗？（出示材料）如果你想做一个满头长发的鬼脸，会用到哪些材料呢？怎么做呢？除了毛线，还可以用什么材料变成长长的头发？（撕纸）怎样撕纸才能撕成长条？（教师或幼儿简单示范）
   - 因材施意——皱纹纸除了可以撕成长条状，还可以撕成什么形状？撕成这些形状的纸可以用来做鬼脸的什么部分？还有什么样的材料？你觉得可以做鬼脸的什么部分？

   （2）幼儿大胆想象，制作纸筒鬼脸，教师从因意选材和因材施意两个方面进行指导。
3. 将幼儿制作的纸筒鬼脸布置成鬼脸城，引导幼儿相互欣赏和交流。
   - 教师：你制作的纸筒鬼脸是什么样的？你用到了什么材料？是怎么做的？还有没有不一样的方法？

▶ **教学建议**

- 区域活动：尝试在面具模具上运用水粉颜料表现可怕的鬼脸。
- 日常活动：交流关于形容鬼脸的词语，丰富幼儿的语言表达能力。
- 游戏活动：在表演游戏中带上自己制作的鬼脸面具进行表演。
- 家园共育：帮助幼儿收集各种各样的鬼脸图片，丰富幼儿关于鬼脸的经验。

活动8 疯狂一家人（绘画）

▶ 活动目标
1. 继续学习运用夸张、变形的手法，表现自己和爸爸妈妈在游乐园游戏时开心、疯狂的表情。
2. 绘画中初步建立构图意识，合理安排画面中的自己和爸爸、妈妈。

▶ 活动准备
1. 经验准备：幼儿对自己和爸爸妈妈的面部特征有一定的了解。
2. 物质准备。
- 教具：黑板，粉笔。
- 学具：A4作业纸，水彩笔，蜡笔。

▶ 活动过程
1. 把谈话导入活动，引起幼儿参与活动的兴趣。
- 教师：你们在游乐园玩过很疯狂的游戏吗？玩得很开心、很疯狂的时候是什么样的？脸会变成什么样？眼睛呢？嘴巴呢？耳朵呢？（脸会变形、头发会被吹起来……教师运用示范的方法，在黑板上表现幼儿的想象）
2. 与幼儿讨论创作思路，帮助幼儿进行画面的构思和布局。
- 教师：我们一起把和爸爸妈妈在游乐园疯狂游戏的样子画下来吧。要画三个人怎么画呢？先画什么？上次我们画自己和爸爸妈妈合影的画面，是怎么画的？
- 教师：爸爸妈妈和你玩得都很疯狂，脸型会有什么变化呢？
- 教师：你想把爸爸妈妈画成什么样子呢？
- 教师：疯狂的时候除了脸会变形，还有什么地方会变形呢？还有什么地方会变得夸张呢？
3. 幼儿创作《疯狂一家人》，教师巡回指导。
- 教师提醒幼儿运用夸张变形的手法表现人物疯狂的表情。
4. 展示幼儿作品，引导幼儿相互欣赏和交流。
- 教师：你和爸爸妈妈疯狂的时候是什么样子的？

▶ **教学建议**

设计要点：这是本主题的最后一个活动，教师要引导幼儿运用前面所学的夸张变形的艺术手法来表现疯狂的人群，这里不仅包括脸型、五官，还包括发型、面部表情等。

- **区域活动**：在美工区继续学习制作画框装饰自己的美术作品。
- **日常活动**：回忆、交流自己和爸爸妈妈在游乐园疯狂游戏时的体验和感受。
- **游戏活动**：通过看漫画、卡通片，理解疯狂的含义，感受五官的变化。
- **家园共育**：与幼儿在游乐园一起快乐地游戏，体验高度兴奋时面部表情的变化。

主题评析

1. 教师在中班幼儿已有的人物画经验基础之上，以幼儿在游乐园中游玩的情景以及情绪情感的变化为线索，通过创设游乐园的发型设计馆、照相馆、欢乐谷、鬼脸城等一系列的游戏场景，引导幼儿细致地描绘了人物在快乐、害怕、疯狂等不同的情绪情感中面部表情和五官的变化。主题活动中分为两个层次，第一个层次以调动幼儿的生活经验以及丰富幼儿的人物画创作经验为主，主要目的是在欣赏和观察的过程中学习人物发型、面部五官、性别特征等方面的细节描绘；第二层次是在特定的情景中尝试运用夸张的手法描绘人物面部情绪情感的变化，尤其是五官当中眼睛、嘴巴的主要变化。第二个层次是在第一个层次的基础上延续出来的，也是符合幼儿的学习规律的。

2. 通过参与主题活动，幼儿对人物画的创作有了更多的认识和了解，能有意识地在绘画的过程中关注人物的情绪情感，因此他们的作品生动、贴近生活，并且充满稚拙的童趣。同时，在欣赏图腾的基础上，幼儿初步感受到运用夸张的表现手法在人物绘画中所产生的艺术效果，进而有兴趣在今后的活动中进行大胆的尝试，为下一个主题奠定基础。

3. 教师在设计此次主题活动的时候，因为关注了中班幼儿学习人物画的主要目的，即在完整表现人物的基础上，细致描绘不同性别、年龄、情绪的人的五官特征，所以才能抓住细节描绘这一重点，有层次、有目的地引导幼儿进行学习，也才能使主题活动的开展更加有针对性。但是其中对于情绪的表现确实是很抽象的东西，如何将抽象变为具体，这就需要教师从幼儿的兴趣和经验出发，游乐园情景的创设就是基于这样的思考而展开的。实践证明，运用这样的线索开展此类主题，是十分适宜的。

主题五
我们班的饲养角

主题活动

活动名称	区域活动	日常活动	游戏活动	家园共育
班级饲养角养点啥（谈话）	与幼儿一起整理、布置饲养角	交流调查表"我们班的饲养角"	参观哥哥姐姐班级的饲养角	与幼儿一起完成调查表
我的观察记录本（装饰）	根据小动物的数量、大小，继续制作、装订自己的观察记录本	与幼儿一起划分饲养角各个动物的区域	给每个小动物取名字	根据幼儿的兴趣爱好准备饲养角的小动物
我给小金鱼画张像（观察记录）	展示自己给小金鱼画的画像	交流金鱼的种类，丰富对金鱼品种的认识	继续观察、模仿小金鱼在水里生活的情况	帮助幼儿收集有关金鱼的资料，带幼儿看金鱼展览
爱吃肉的小乌龟（绘画）	继续学习表现侧面的乌龟，细致表现乌龟的动态	交流"乌龟还喜欢吃什么"	体育游戏"小乌龟爬"	丰富幼儿关于乌龟的知识经验
神气的大螃蟹来啦（蜡笔画）	继续尝试运用油泥和辅助材料塑造螃蟹造型	同伴相互交流"螃蟹的耳朵在哪里"	学习小螃蟹横着走路的样子，玩接力赛游戏	帮助幼儿了解螃蟹的种类
毛茸茸的小鸡（水粉画）	尝试在区角制作小鸡的头饰	相互交流"小鸡喜欢吃什么"	戴上头饰，表演有关小鸡的歌曲、舞蹈	有条件的家长在家和幼儿一起饲养小鸡
鸡妈妈和一群可爱的小鸡（绘画）	继续尝试制作母鸡的头饰	与同伴交流"母鸡的本领"	听有关母鸡和小鸡的故事	带幼儿到农村或养鸡场看看母鸡下蛋的过程
小蝌蚪变青蛙（连环画）	展示自己观察小蝌蚪变青蛙的记录	交流自己在观察中的发现	讲故事《小蝌蚪找妈妈》	与幼儿一起收集有关小蝌蚪和青蛙的自然故事

设计思路

饲养角里饲养了很多小动物，有小金鱼、乌龟、螃蟹等，每天孩子们都会自觉地围在饲养角观察小动物，给它们喂食，和它们说话。本主题以对饲养角里小动物的观察和记录为切入口，通过细致地观察、相互交流和连续地记录，了解不同小动物的造型特点、生活习性，感受小动物的生动和可爱。

核心目标

1. 通过饲养、观察、交流、比较和记录，了解饲养角中小动物的外形特点和生活习性，感受小动物的生动和可爱。
2. 学习一些观察和记录的方法，尝试用绘画的方式记录小动物的外形特征、运动状态和生活习性。
3. 在图片、视频、绘画作品的帮助下，获取丰富的认知经验和绘画技巧，尝试用绘画的方式表现一群可爱的小动物。
4. 能耐心、细致地进行观察和记录，养成良好的观察习惯。
5. 关心、爱护饲养角里的每一个小动物，学习饲养和管理的一些基本方法。

经验准备

1. 在活动开展之前，让家长了解主题活动目标及主题活动内容，并请家长与幼儿一起完成调查表的填写。
2. 请家长配合班级教师帮助幼儿了解饲养角小动物的生活习性、特征等。
3. 参观大班的饲养角，了解饲养角养殖的动物及种类，积累相关的前期经验。

物质准备

1. 教师："班级饲养角养点啥"的调查表，金鱼、乌龟、蝌蚪、螃蟹、小鸡、小兔等饲养角材料的准备及环境布置，观察记录本（制作观察记录本的材料），有关饲养角动物图片及相关动物的科学资料，黑色水笔（30支），彩色水笔、蜡笔（每个幼儿一套），水粉笔，水粉颜料，铅画纸若干。
2. 幼儿：幼儿带金鱼、乌龟、蝌蚪、螃蟹、小鸡、母鸡、小兔等到幼儿园饲养角饲养，请家长帮助收集一些饲养角动物的图片。

活动设计

活动1 班级饲养角养点啥（谈话）

▶ 活动目标
1. 通过经验回忆、相互交流和集体讨论，初步确定班级饲养角饲养动物的种类、数量、饲养方式以及管理的办法。
2. 积极交流，大胆表达自己对班级饲养角的建设和管理意见。

▶ 活动准备
1. 经验准备：幼儿参观过哥哥姐姐班级的饲养角。
2. 物质准备。
- 教具：有关幼儿园或其他班级的饲养角的照片。
- 学具：作业纸、画笔人手一份。

▶ 活动过程
1. 回忆参观经验，引出话题，激发幼儿参与讨论的愿望。
- 教师：我们参观过哥哥姐姐班级里的饲养角，你在那里都看到了什么？
- 教师：他们的饲养角里饲养了哪些可爱的小动物呢？哪些是生活在水里的？
- 教师：哥哥姐姐是怎么饲养这些动物的？
- 教师：饲养角里这些小动物是住在哪里的？平时哥哥姐姐是怎么照顾它们的？
- 教师：哥哥姐姐还为这些小动物制作了成长记录，有什么作用呢？
2. 相互交流、讨论本班饲养角动物的种类、数量等相关内容。
- 教师：我们班也开设一个有趣的饲养角吧，我们可以饲养哪些小动物呢？
- 教师：生活在水里的小动物放在饲养角的什么位置？
- 教师：笼子里可以饲养哪些小动物呢？
- 教师：我们怎么照顾这些小动物呢？
- 教师：怎样记录这些小动物的生长过程呢？
- 教师：怎么样美化我们的饲养角呢？
3. 幼儿以绘画的方法表达自己的想法，教师观察、了解幼儿的已有水平。
- 教师：把你们想饲养的小动物画下来，想一想，是可以在幼儿园饲养的小动物哦。
4. 展示幼儿的作品，鼓励幼儿交流、表达自己的想法。
- 教师：你画了哪些小动物？这些小动物适合在我们班的饲养角饲养吗？
- 教师：它们住在哪里呢？我们一起为它们布置新家吧！

> **设计要点**：饲养角适合养的动物一是要与幼儿生活经验很接近，二是幼儿喜欢且容易饲养。

下学期
主题五 我们班的饲养角

▶ **教学建议**
- 区域活动：与幼儿一起整理、布置饲养角。
- 日常活动：交流调查表"班级饲养角养点啥"。
- 游戏活动：参观哥哥姐姐班级的饲养角。
- 家园共育：与幼儿一起完成调查表。

活动2 我的观察记录本（装饰）

▶ **活动目标**
1. 通过欣赏、观察、交流和讨论，了解观察记录本中文字、图标的基本含义以及记录方法。
2. 了解观察记录本封面上的内容，尝试用收集的小动物图标和简单的纹样装饰封面。

▶ **活动准备**
1. 经验准备：幼儿了解"封面"的含义。
2. 物质准备。
- 教具：哥哥姐姐的观察记录本或者照片若干。
- 学具：和记录本大小一样的作业纸，水彩笔。

▶ **活动过程**
1. 出示哥哥姐姐的观察记录本，引导幼儿观察和理解。
- 教师：这是什么？观察记录本的封面在哪里？封面上都有什么？
- 教师：这些字代表了什么？图画呢？
- 教师：看看，观察记录本上都记录了什么？你知道这是什么意思吗？
- 教师：猜猜，这些数字表示什么意思？（做观察记录时的日期）
- 教师：这些太阳、云朵表示什么呢？（做观察记录时的天气）
- 教师：你能从观察记录本上看出这些小动物的生长过程吗？
- 教师：你在观察记录本上还看到了什么？

- 教师：哥哥姐姐是用什么方法记录自己在饲养角的发现的？
- 教师：这些观察记录有什么作用呢？

2. 教师与幼儿一起设计观察记录本的封面，鼓励幼儿说出自己的想法。
- 教师：我们在饲养角也要用这样的观察记录本来记录自己在饲养角的发现，那我们也来为自己的观察记录本设计一个好看的封面吧。
- 教师：你想在自己的观察记录本的封面上画上什么呢？
- 教师：谁还有什么不一样的想法吗？

3. 幼儿运用绘画的方式表现自己观察记录本的封面，教师鼓励幼儿大胆创意。
- 教师：设计封面的时候可以向哥哥姐姐学习，也可以自己创意，要和别人不一样哦，这样才能区分开来。

4. 展示幼儿设计的观察记录本的封面，相互欣赏和交流。
- 教师：你设计的封面是什么样的？在上面画了什么？代表什么意思呢？

设计要点：
1. 观察记录本最好以幼儿认可的图文形式制作。
2. 观察记录本的记录部分，要留大一点的空格，以便于幼儿记录。

▶ **教学建议**
- 区域活动：根据小动物的数量、大小，继续制作、装订自己的观察记录本。
- 日常活动：与幼儿一起划分饲养角各个动物的区域。
- 游戏活动：给每个小动物取名字。
- 家园共育：根据幼儿的兴趣爱好准备饲养角的小动物。

活动 3　我给小金鱼画张像（观察记录）

▶ **活动目标**
1. 通过观察、比较、交流、归纳和整理，了解金鱼的造型特点、运动状态和生活习性。
2. 尝试运用简单的图形和丰富的线条表现金鱼的外形特征。

▶ **活动准备**
1. 经验准备：幼儿观察、记录过小金鱼活动（吃食、吐泡泡）的情景。
2. 物质准备。
- 教具：金鱼的卡通图片。
- 学具：生活在鱼缸里的小金鱼（观赏类大眼、大尾巴等金鱼品种，每组至少一缸），刷好河水底色的A4画纸，黑色水彩笔，蜡笔。

活动过程

1. 引出话题,激发幼儿参与的兴趣。
- 教师:我们的饲养角里最多的就是小金鱼了,我们来给它们画张像吧!
2. 细致观察鱼缸里的金鱼,发现金鱼的主要特征。
- 教师:仔细看看鱼缸里的小金鱼是什么样的。
- 教师:金鱼的头上有什么?眼睛是什么样的?头上还戴着什么?像什么?
- 教师:金鱼的身体是什么样的?尾巴呢?像什么?尾巴摆动的时候是什么样的?
- 教师:鱼缸里的小金鱼是什么颜色的?身上还有什么样的花纹?这些花纹在金鱼的什么部位?它们有什么不一样呢?
- 教师:小金鱼在水里游来游去干什么呢?
3. 欣赏有关金鱼的卡通图片,尝试绘画金鱼。
- 教师:我们怎么画这些金鱼呢?看看动画片中的金鱼是什么样的。
- 教师:先画什么,再画什么?
- 教师:你还想在金鱼的身上画上什么好看的花纹?
- 教师:涂颜色的时候要注意什么呢?
- 教师:你想画几条金鱼呢?画好了金鱼,还可以画些什么好看的背景?
4. 展示幼儿作品,相互欣赏和评价。

- 教师：你是怎么画小金鱼的？先画了什么？后画了什么？
- 教师：你画的小金鱼在干什么呢？

> **设计要点**：重点引导幼儿按先整体后局部的顺序观察、欣赏金鱼的造型、结构、花纹、色彩等，为幼儿的创作做好直观的经验积累。

▶ **教学建议**
- 区域活动：展示自己给小金鱼画的画像。
- 日常活动：交流金鱼的种类，丰富对金鱼品种的认识。
- 游戏活动：继续观察、模仿小金鱼在水里生活的情况。
- 家园共育：帮助幼儿收集有关金鱼的资料，带幼儿看金鱼展览。

活动 4 爱吃肉的小乌龟（绘画）

▶ **活动目标**
1. 通过观察、交流、比较和归纳，进一步了解乌龟的造型特点以及吃食时的体态变化。
2. 尝试运用绘画的方式记录乌龟吃肉、争食过程中的体态变化。

▶ **活动准备**
1. 经验准备：幼儿给小乌龟喂过食物。
2. 物质准备。
- 教具：教师事先拍摄乌龟吃食时的照片，投影仪，电视，饲养在玻璃缸中的乌龟（2~3只），生肉一小块。
- 学具：画有背景（河水）的A4画纸，水彩笔，蜡笔。

▶ **活动过程**
1. 教师在投影仪下喂乌龟吃肉，引起幼儿观察的兴趣。
- 教师：你见过我们饲养角里小乌龟吃东西的样子吗？
- 教师：它们最喜欢吃什么？它们是怎么吃肉的？（教师在玻璃缸里投食）
- 教师：它们吃肉的时候会做出什么样的动作？谁来学一学？
2. 欣赏乌龟吃食的照片，引导幼儿细致观察乌龟吃食时身体动作的变化。
- 教师：这里有乌龟吃东西时的照片，我们一起来看一看，它们的身体有什么变化？
- 教师：乌龟的脖子怎么样了？为什么要伸长了脖子呢？
- 教师：乌龟的嘴巴呢？它的爪子在干什么？为什么要在嘴旁边拨动呢？（撕碎肉块）
- 教师：这两只乌龟在干什么？它们争抢的时候是什么样的？身体的方向一样吗？动作一样吗？
- 教师：你还见过乌龟在吃东西的时候做出了什么不一样的动作？

3. 教师与幼儿讨论绘画的方法，幼儿绘画乌龟吃食时的动态。
   - 教师：我们来把乌龟吃东西的样子画下来吧！怎么画？
   - 教师：抬头的样子怎么画？张嘴的样子怎么画？
   - 教师：乌龟的爪子在撕肉的样子怎么画？
   - 教师：两只乌龟抢肉吃的样子怎么画？
   - 教师：你想画几只乌龟？除了画乌龟，还可以画出什么样的背景？
4. 展示幼儿作品，相互欣赏和评价。
   - 教师：我们一起来学一学画中乌龟吃食的样子。
   - 教师：你在画小乌龟的时候还遇到了什么问题？从侧面看上去的小乌龟怎么画？

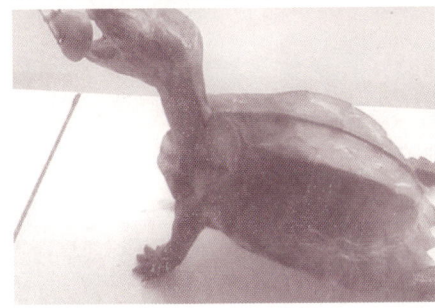

设计要点：不仅要引导幼儿观察乌龟的造型和背部的花纹，还要引导他们观察乌龟捕食的迅猛，以及捕食时头、颈、嘴巴的变化，这样幼儿画出的乌龟才会生动、可爱。

教学建议

- 区域活动：继续学习表现侧面的乌龟，细致表现乌龟的动态。
- 日常活动：与同伴交流"乌龟还喜欢吃什么"。
- 游戏活动：体育游戏"小乌龟爬"。
- 家园共育：丰富幼儿关于乌龟的知识经验。

活动 5 神气的大螃蟹来啦（蜡笔画）

活动目标

1. 通过回忆、比较、交流和欣赏，进一步了解螃蟹的造型特点以及运动、捕食时的体态变化，感受小螃蟹的生动和有趣。
2. 理解夸张的艺术表现手法，尝试用夸张的手法表现一群可爱的螃蟹。

活动准备

1. 经验准备：了解螃蟹的相关科学知识，听过有关螃蟹的故事，看过关于螃蟹的视频。
2. 物质准备。
   - 教具：教学PPT。
   - 学具：蜡笔，画有背景的铅画纸。

活动过程

1. 回忆有关螃蟹的已有经验，进一步了解螃蟹的基本形态。
   - 教师：你见过螃蟹吗？螃蟹是什么样子的？
   - 小结：螃蟹有一个圆圆的硬壳，两只大螯，八只小脚，一对小小的眼睛，还有一张小嘴巴。
2. 在观察、比较、交流和欣赏的基础上，理解夸张的手法，感受螃蟹造型的生动和有趣。
   - 教师：今天我们要来画螃蟹，我们先来看看人们是怎么画螃蟹的。
   - 教师：你看到的螃蟹是什么颜色的？
   - 教师：螃蟹是什么样子的？
   - 教师：螃蟹的大螯本来就很大，人们把它画得更大，他们用了什么表现手法？
   - 教师：什么是夸张？看看这些螃蟹，还有哪些地方用了夸张的表现手法？
   - 教师：眼睛是什么样子的？

- 教师：看看在螃蟹上还画了什么？
- 教师：这些嘴巴、小舌头、酒窝、睫毛，看上去像谁呀？
- 小结：人们在画螃蟹的时候，用了夸张的手法，把大螯和眼睛画得大大的，使螃蟹看上去很神气，还在螃蟹的壳上画了嘴巴、小舌头、酒窝，眼睛上画了睫毛，看上去像小朋友一样可爱，最后人们给螃蟹画上了红色的衣服。

3. 迁移生活经验，尝试用夸张的手法表现一群有趣的螃蟹。

（1）讨论绘画内容和方法。

- 教师：今天我们要画一群可爱的螃蟹，你想画几只？
- 教师：小螃蟹在一起会做些什么事情？
- 教师：小螃蟹会在哪里找东西吃？吃东西的时候有的螃蟹……
- 教师：小螃蟹在争斗的时候是怎样的场面？
- 教师：怎么画不同方向的螃蟹？

（2）幼儿创作，教师给予有效的启发、指导和帮助。

4. 作品展示和评价。

- 教师：你画的小螃蟹在干什么？发生了什么有趣的事情？

设计要点：螃蟹图片的选择最好是以海蟹为主，因为海蟹的造型、色彩更加漂亮，两个大螯很大、很有力量。也可以让幼儿欣赏一些卡通螃蟹图片，卡通图片中夸张的表现手法，使得螃蟹看上去很神气，孩子很喜欢。

教学建议

- 区域活动：继续尝试运用油泥和辅助材料塑造螃蟹造型。
- 日常活动：与同伴相互交流"螃蟹的耳朵在哪里"。
- 游戏活动：学习小螃蟹横着走路的样子，玩接力赛游戏。
- 家园共育：帮助幼儿了解螃蟹的不同种类。

活动6 毛茸茸的小鸡（水粉画）

活动目标

1. 通过观察、比较、交流、欣赏和讨论，进一步了解小鸡的造型特点以及体态变化，感受一群小鸡的生动和可爱。
2. 继续学习水粉笔的使用方法，尝试运用点、侧涂、平涂等方法表现一群可爱的小鸡。

活动准备

1. 经验准备：幼儿在饲养角照料、观察过小鸡。
2. 物质准备。
- 教具：小鸡图片PPT。
- 学具：水粉颜料（黄色多、红色少），墨汁，长条黑色画纸，抹布，小号水粉笔。

活动过程

1. 引出话题，激发幼儿回忆已有经验。
- 教师：小鸡是什么样子的？它有什么？是什么形状的？
2. 通过欣赏，引导幼儿仔细观察小鸡活动的动态。
- 教师：小鸡们是怎么吃食的？小鸡吃食的时候头和嘴巴在哪里？
- 教师：这群小鸡是怎么散步的？它们的头朝向哪里？走路时脚是什么样子的？
- 教师：这里的小鸡们在干什么？学一学它们的样子。这只小鸡是正面的，我们可以看见它的几只眼睛？嘴巴在哪里？

3. 幼儿绘画各种各样的小鸡，教师观察指导。
（1）引导幼儿迁移水粉画的经验表现小鸡。

（2）帮助幼儿观察工具、材料，引导幼儿思考使用方法。（墨汁可以用来画什么，什么时候用）

4. 展示幼儿作品，相互欣赏和评价。
- 教师：你画的小鸡在干什么？它是什么样子的？

设计要点：画小鸡不难，难在用水粉来画，小鸡的腿和脚要画得细一点，因此，水粉笔不宜太粗，画的时候要轻一点。小鸡的动态也是一个难点，教师可以用一些活动的图片，让幼儿通过拼摆熟悉小鸡的体态变化，为幼儿的绘画表现提供丰富的经验。画纸可以提供长条形的，幼儿可以在长条纸上画出各种动态的小鸡，拼接在一起，展示一幅百鸡图，很有艺术感染力。

教学建议

- 区域活动：尝试在区角运用废旧材料制作小鸡的头饰。
- 日常活动：与同伴相互交流"小鸡喜欢吃什么"。
- 游戏活动：戴上头饰，和同伴表演有关小鸡的歌曲和舞蹈。
- 家园共育：有条件的家长在家和幼儿一起饲养小鸡。

活动 7　鸡妈妈和一群可爱的小鸡（绘画）

▶ **活动目标**

1. 通过观察、想象和交流，感受鸡妈妈和小鸡生活的丰富和有趣。
2. 尝试用蜡笔表现鸡妈妈和小鸡们在一起时的生动画面。

▶ **活动准备**

1. 经验准备：幼儿在饲养角照料、观察过母鸡。
2. 物质准备。
- 教具：母鸡和小鸡图片PPT。
- 学具：黑色水彩笔，红色、橘色、黄色、咖啡色等暖色调蜡笔，刷有背景的画纸，抹布。

▶ **活动过程**

1. 布置任务，猜想创作画面，激发兴趣。
- 教师：今天我们要来画鸡妈妈和它的宝宝们。
2. 观察鸡妈妈和小鸡的生活画面，感受它们生活的丰富和有趣。
- 教师：这是谁？它长什么样？是什么颜色的？
- 教师：猜猜它在干什么？它的宝宝在哪里？
- 教师：鸡宝宝慢慢长大了，它们会怎么从蛋壳里出来？（飞出来、跳出来……）
- 教师：它们会做什么事情？
- 教师：鸡妈妈怎么教宝宝吃虫子的？（我们来学学鸡妈妈的样子）
- 教师：鸡宝宝一起围在妈妈的身边。它们会躲在哪里？

3. 与幼儿交流创作思路，幼儿作画。
- 教师：我们也要来画鸡妈妈和一群顽皮的小鸡，你想画什么？
- 教师：先画谁？为什么？可以画在画纸的什么地方？
- 重点：鸡妈妈和鸡宝宝之间的亲情。
- 难点：鸡低头、面对面的姿态。
4. 展示幼儿作品，相互欣赏和评价。
- 教师：你画的鸡妈妈和小鸡宝宝在做什么？

> **设计要点**：本次活动在基于前一个活动的基础上表现了鸡妈妈和小鸡在一起时的情境。活动中对鸡妈妈和小鸡的动态表现有一定的要求，幼儿需要在认识和了解母鸡的基础上进行此次活动，如果幼儿有一定的困难，在本次活动之前还可以让幼儿画一画母鸡。

▶ 教学建议

- 区域活动：继续尝试制作母鸡的头饰。
- 日常活动：与同伴交流"母鸡的本领"。
- 游戏活动：听有关母鸡和小鸡的故事。
- 家园共育：带幼儿到农村或养鸡场看看母鸡下蛋的过程。

活动 8 小蝌蚪变青蛙（连环画）

▶ 活动目标

1. 通过观察记录、作品欣赏，相互讨论，充分了解小蝌蚪变青蛙的主要过程以及用连环画表现的基本方式。
2. 在了解青蛙造型特点的基础上，尝试以连环画的方式表现小蝌蚪变青蛙的过程。
3. 乐意欣赏同伴的作品，能较为客观地评价自己和他人的作品。

▶ 活动准备

1. 经验准备：幼儿观察、记录过小蝌蚪变青蛙的过程，知道"连环画"。
2. 物质准备。
- 教具：教师拍摄的蝌蚪变青蛙的照片，蝌蚪和青蛙的卡通画图片，同幼儿一样的折叠好的绘画纸。
- 学具：绘有背景的画纸（如右图），各色水彩笔。

▶ **活动过程**

1. 请幼儿交流关于蝌蚪生长过程的观察记录，引出话题。
   - 教师：你们观察过小蝌蚪变青蛙的过程，谁来说一说？
   - 教师：小蝌蚪先长出什么？后来呢？最后呢？
   - 教师：小蝌蚪变成小青蛙以后，是什么样的？青蛙的身体是什么样的？
   - 教师：腿长在身体的什么位置呢？
2. 引导幼儿在欣赏的基础上尝试夸张地表现蝌蚪和青蛙。
   - 教师：小蝌蚪变青蛙先画什么？再画什么？
   - 教师：小蝌蚪怎么画？青蛙呢？怎么画更可爱呢？
   - 教师：看看这里的蝌蚪和青蛙是什么样的？（教师出示卡通画中的蝌蚪和青蛙）
   - 教师：这里把蝌蚪和青蛙画成了什么样子呢？把什么画得很大？（眼睛、嘴巴）
   - 教师：小蝌蚪变成青蛙以后有什么新的本领了？怎么画跳起来的青蛙？

3. 引导幼儿用连环画的方法表现小蝌蚪变青蛙的过程，教师观察指导。
   - 教师：我们怎么在这张纸上画出小蝌蚪变青蛙的过程呢？（教师出示折叠好的画纸提醒幼儿）
   - 教师：记得我们看过的连环画吗？我们可以试一试用连环画的方法来画哦。
   - 教师：这张画纸可以怎么折，折成几份？谁来试一试？还可以怎么折？
   - 教师：折好以后呢？画在哪里？除了画蝌蚪和青蛙还可以画些什么？（教师引导幼儿有序地表现蝌蚪变青蛙的过程）

4. 展示连环画,鼓励幼儿相互欣赏和评价。
- 教师:谁来说一说你画的小蝌蚪变青蛙的故事呢?
- 教师:看看哪只蝌蚪和青蛙画得可爱呢?

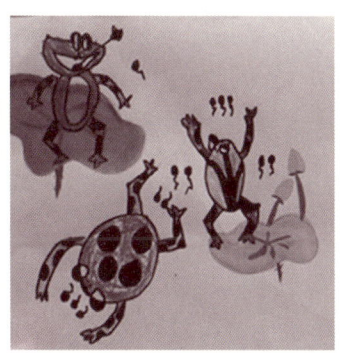

设计要点:连环画对于中班幼儿来说还是有难度的。幼儿要细致观察饲养中的小蝌蚪,并进行观察记录,积累一些青蛙画法的经验。教师可以提供一些儿童作品供幼儿欣赏及借鉴,为他们连环画的创作积累经验。

▶ **教学建议**
- 区域活动:继续展示自己"观察的小蝌蚪变青蛙"的记录。
- 日常活动:交流自己在观察小蝌蚪生长过程中的发现。
- 游戏活动:和同伴一起表演故事《小蝌蚪找妈妈》。
- 家园共育:与幼儿一起收集有关小蝌蚪和青蛙的自然知识。

主题评析

1. 本主题活动的内容符合中班年龄段幼儿的经验水平和绘画特点，符合幼儿的兴趣需要。活动内容来源于幼儿的生活，是幼儿生活中熟悉的、感兴趣的、可饲养的小动物，便于幼儿观察、实施和操作。作为晨间的观察内容之一，幼儿可以每天观察、发现、记录和交流，通过细致地观察、相互交流和连续的记录，了解不同小动物的造型特点、生活习性，对小动物的认识不断丰富和深入，以便在创作活动中表达和表现。

2. 本主题活动的内容涉及艺术、科学、社会、语言等多领域的知识。在开展的过程中，幼儿可以从身边获取直接的体验，不仅能丰富认知经验、获取绘画技巧，还能养成良好的观察习惯。幼儿的观察力、想象力、语言表达力、艺术表现力也能从中得到发展。

3. 主题的开展让教师获得了很多宝贵的经验和体会。

（1）由于此主题的内容有较强的季节性，因此在4月份开展最适宜，其中有的内容教师要做好前期的准备工作，如蝌蚪的饲养等。

（2）在每个活动开始之前，最好先引导幼儿进行科学认知，然后再引导幼儿观察记录。在观察记录中，我们发现幼儿带有很强的自我认知，并不是基于观察的实际来记录，这就需要教师有意识、有目的地去引导幼儿运用科学的方法去观察，即先整体后局部的方法。

（3）活动的内容虽然对幼儿具有较强的吸引力，但要幼儿在一节活动中用绘画的方式表现出来，对于能力弱的幼儿存在困难。因此，教师除了可以引导幼儿观察真实的小动物，还可以提供一些绘画作品、夸张的图片让幼儿欣赏，这样不仅能激发幼儿的兴趣，还有利于幼儿的想象和创作。

主题六
桃红柳绿

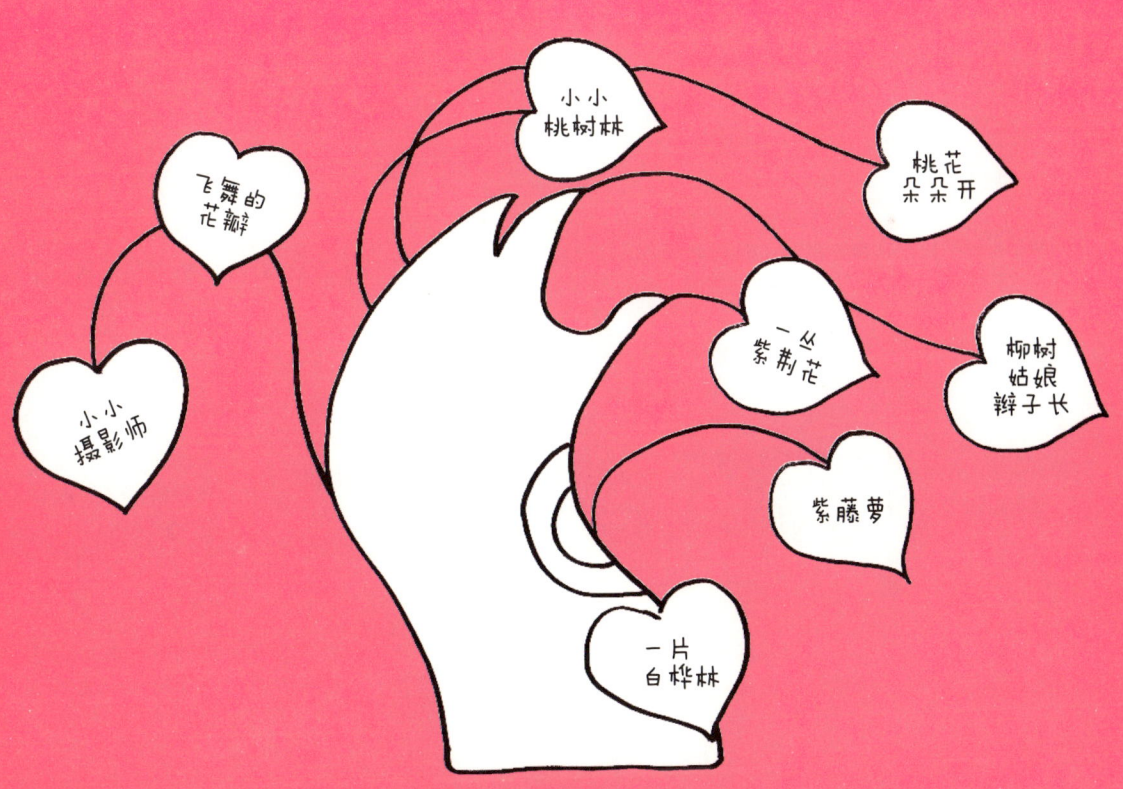

主题活动

活动名称	区域活动	日常活动	游戏活动	家园共育
小小摄影师（交流）	展示幼儿和家长收集、拍摄的关于春天的花儿的照片	了解春天里盛开的花，及它们的名称	欣赏歌曲《春天在哪里》	请家长利用休息日带孩子踏青游玩，并和孩子一起拍摄春天里开花的植物
飞舞的花瓣（水粉画）	在自然角观察、记录花瓶里的鲜花生长、开花的过程	投放大量花的图片供幼儿欣赏和表现	运用身体动作表现花瓣飞舞的情景	日常生活中和幼儿一起欣赏纪录片《神话森林》
小小桃树林（水粉画）	展示幼儿的绘画作品，相互欣赏和交流	交流桃树树干和树枝的特征	开展"花店"游戏，和幼儿一起布置游戏场景	帮助幼儿了解桃树、桃花的外形特征
桃花朵朵开（水粉画）	运用撕纸、粘贴的方法表现桃树上的桃花	交流桃花的外形特征	继续开展"花店"游戏，和幼儿一起布置游戏场景	继续帮助幼儿了解桃花的特征
柳树姑娘辫子长（水粉画）	在美术角提供皱纸和糨糊等工具让幼儿搓柳枝、粘贴柳树叶	交流自己对柳树的认识和感受	与幼儿一起进行歌唱表演《柳树姑娘》	家长利用散步和游玩的时间带领孩子观察河边的柳树
一丛紫荆花（水粉画）	继续尝试运用蜡笔等不同的绘画工具表现紫荆花	交流自己对紫荆花的认识和感受	开展"花店"的游戏活动，利用幼儿制作的花儿布置游戏环境	和幼儿一起制作各种各样的花，进行"花店"游戏
紫藤萝（水粉画）	尝试运用多种材料的纸撕贴出多层花瓣的花	认识紫藤花，了解其外形特征	交流介绍自己喜欢的花的花瓣颜色及形状	带幼儿去街边的花店参观，认识更多的花
一片白桦林（水粉画）	选择一些白桦林的作品制作成欣赏手册，供幼儿欣赏	将白桦树的图片布置在区角内，供幼儿观察和认识	猜谜语：白桦树	帮助幼儿收集白桦林的图片，与幼儿一起认识白桦树

下 学 期
主题六 桃红柳绿

设计思路

春天是绿色的，春天是红色的，春天是生机勃勃、五彩缤纷的。当春天来临的时候，孩子们总喜欢在春天里郊游和探秘。本主题以寻找春天为切入点，以用水粉的形式表现春天的花草树木为主要线索，让幼儿在观察、比较、探索和发现中，了解树木的不同造型特点，尝试用丰富的色彩和不同的线条表现春天的美景。

核心目标

1. 通过郊游、收集资料、观察、交流和欣赏，了解花草树木的造型特点，探寻春天里树叶和花朵的色彩变化，感受春天的勃勃生机，五彩缤纷的美。
2. 在观察、比较的基础上，了解树木的不同造型特点，尝试用色块和不同粗细、曲直的线条进行表现。
3. 在不断尝试和探索的过程中了解绿色、橙色和粉色的变化规律，尝试用不同的绿色、粉色、橙色表现春天的树叶和花朵。
4. 知道水粉笔的正确使用方法，会轻轻蘸色、顺一个方向涂色，养成良好的操作习惯。

经验准备

1. 请家长带幼儿去郊游、通过采野花、采摘草莓，观察春天的花草树木，感受自然景物的变化以及丰富的色彩之美。有条件的家长还可以带孩子到农村看看，感受农村春天的景象，知道春天是万物复苏的季节，感受春天的勃勃生机。
2. 有使用水粉笔和水粉颜料的经验，知道色彩混合会产生变化。

物质准备

1. 教师：水粉颜料（红色、黄色、蓝色、白色、赭石、绿色、紫色、玫红、熟褐），水粉笔（2号、7号），铅画纸，黑色作业纸（颜料盒墨汁调和后自己刷），调色盘（幼儿人数的一半），抹布。
2. 幼儿：24色蜡笔，剪刀。

活动设计

活动1 小小摄影师（交流）

▶ **活动目标**

1. 通过收集、观察、交流、比较、欣赏和分类，了解一些花草树木的外形特点，感受春天的五彩缤纷和勃勃生机。
2. 能用清楚、连贯的语言讲述自己的发现和认识。

▶ **活动准备**

1. 经验准备：幼儿认识一些春季里的花草树木。
2. 物质准备。
   - 教具：有关春天里盛开的花儿的图片。
   - 学具：幼儿在家长的帮助下拍摄各种春季花草树木的照片。

▶ **活动过程**

1. 小组自由交流春季花草树木的外形特征。
   - 教师：跟你的朋友说一说，你在春天里找到了哪些花草树木呢？它们是什么样的？它们长在什么地方？
2. 集体交流，感受春天里花草树木的五彩缤纷和勃勃生机。
   - 教师：请介绍一下自己的拍摄作品，照片中是春天里的什么树（花）？
   - 教师：它是什么样的？花瓣是什么样的？像什么？花蕊呢？是什么颜色的？
3. 拓展了解其他的春季花草树木，进一步感受春季花草树木的五彩缤纷和勃勃生机。
   - 教师：你还知道哪些在春天里会盛开的花儿？它们在春天里是什么样子的？（教师出示更多春天里花儿的图片）这些植物和它们在其他季节里相比有什么变化？（发芽、开花、长叶）
   - 小结：春天里花草树木有的发芽、有的长叶、有的开花，花朵的颜色特别丰富……五彩缤纷的。它们有自己不同的外形和特征，它们生长的地方也不一样，看到这些春天里生机勃勃的植物会感觉……
4. 师幼用收集来的摄影图片共同布置主题墙面。
   - 教师：我们把大家收集的摄影作品布置起来，让春天也来到我们班。

▶ **教学建议**

- 区域活动：展示幼儿和家长收集、拍摄的关于春天的花儿的照片。
- 日常活动：了解春天里盛开的花，及它们的名称。
- 游戏活动：与幼儿一起欣赏歌曲《春天在哪里》，创编适当的舞蹈动作。
- 家园共育：请家长利用休息日带孩子踏青游玩，并和孩子一起拍摄春天里开花的植物。

活动 2 飞舞的花瓣（水粉画）

▶ 活动目标

1. 通过欣赏花瓣飘落的画面，感受几米作品所营造的温馨、恬静的意境美。
2. 在探索的基础上，了解色彩深浅变化的规律，尝试使用不同的粉色和点彩的方法表现飞扬、飘散的花瓣。
3. 学习蘸色、换色的方法，能有序地进行操作，养成良好的操作习惯。

▶ 活动准备

1. 经验准备：幼儿有"点彩画"的经验。
2. 物质准备。
- 教具：几米作品PPT。
- 学具：画有各种各样树干、树枝的底纸，粉色系的颜料，水粉笔，抹布。

▶ 活动过程

1. 引导幼儿回忆关于花儿的相关经验，激发兴趣。
- 教师：春天到了，哪些花儿会开呢？
2. 欣赏几米作品，感受几米作品所营造的温馨、恬静的意境。

（1）逐图欣赏图片，通过教师与幼儿的共同描绘，进一步感受画面的意境美。
- 教师：有一个小姑娘，也出门去寻找春天了，看看她来到了什么地方？花儿开在哪里？是什么样？什么颜色的？风儿一吹，花儿怎么样了？小姑娘抬起头，她在干什么？她又会说什么呢？

（2）师幼共同小结花瓣飘落的方向、花瓣颜色的深浅变化。
- 教师：有的花飘到了……有的花飘到了……远远看上去是什么样？
- 教师：这些花的颜色一样吗？

3. 幼儿尝试使用不同的粉色和点彩的方法创作飞扬、飘散的花瓣。
- 教师：这样一点一点的花，我们可以用什么方法来表现？（点彩）
- 教师：让颜色变浅，可以加什么颜色的颜料？（白色）

4. 展示、交流幼儿的作品。
- 教师：你们画的花儿是什么样的？你的花瓣会飞到哪里去呢？

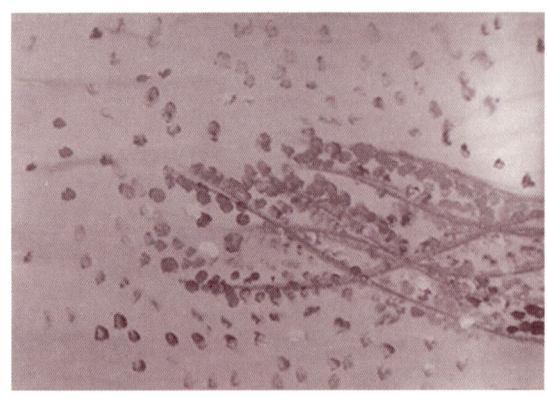

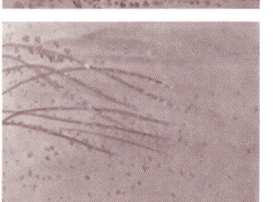

设计要点：本活动的重点是让幼儿充分感受风起花瓣飞舞的自然美景，幼儿尝试用点的疏密来表现飞舞的方向，来表现动感。花瓣的色彩要以粉色为主，营造温馨浪漫的气氛。

▶ 教学建议

- 区域活动：在自然角观察、记录花瓶里的鲜花生长和开花的过程。
- 日常活动：投放大量花的图片供幼儿欣赏和表现。
- 游戏活动：运用身体动作表现花瓣飞舞的情景。
- 家园共育：和幼儿一起欣赏纪录片《神话森林》。

活动3 小小桃树林（水粉画）

▶ 活动目标

1. 通过观察、比较、交流和欣赏，了解桃树身形矮小、枝条繁茂且有力的特点，感受一片桃林的美。
2. 尝试用不同深浅的褐色和粗细曲直不同的线条表现一片刚劲有力的小桃林。
3. 继续学习蘸色、换色的方法，能有序进行操作，养成良好的操作习惯。

▶ 活动准备

1. 经验准备：幼儿认识桃树。
2. 物质准备。
- 教具："桃树林"PPT。
- 学具：刷有地面、天空等背景的作业底纸，适合表现桃树树干、树枝颜色的颜料，中号水粉笔，抹布。

活动过程

1. 引导幼儿回忆已有经验，激发幼儿绘画的兴趣。
- 教师：我们看到春天里的桃树林是什么样的？
- 教师：我们要来画桃树林，可以怎么画？先画什么？

2. 欣赏桃树林PPT，感受桃树身形矮小、枝条繁茂且有力的特点。

（1）浏览桃树的图片，初步观察交流桃树的外形特征。
- 教师：今天我们先来看桃树是什么样的？
- 教师：和白杨树比一比，桃树的树干是什么样的？（教师出示白杨树的图片，引导幼儿对比欣赏，感受桃树的特征）
- 教师：它们有什么不一样？桃树的树干是什么颜色的？
- 教师：桃树的树枝是什么样的？（繁茂、有力）
- 教师：从什么地方开始分叉长枝条？（很低的地方）树枝是什么颜色的？
- 教师：桃树的树干和树枝有什么不一样？（粗细、曲直、色彩深浅）
- 教师：一片桃树林里的桃树有什么不一样？
- 师幼小结：桃树的个子矮小，树干比较粗糙，树皮有很深的纹路，从很低的地方开始分叉长出枝条，枝条特别多，看起来很有力气，树干和枝条都是深浅不同的褐色。

3. 交流创作思路，讨论桃树树干、树枝的绘画方法。
- 教师：粗粗的树干可以怎么画？（教师示范用水粉笔的笔肚用力从下往上逆锋作画）
- 教师：分叉的细枝怎么画？（教师示范把水粉笔侧过来画细细的树枝）
- 教师：在蘸色、换色时要注意什么？（将笔擦干净）
- 教师：你想在桃树林里画几棵桃树？这些桃树有什么不一样？画在画纸的什么地方？

4. 幼儿创作《桃树林》，教师观察指导。
- 教师鼓励幼儿在画纸上画3～4棵不一样的桃树，注意画面的布局。

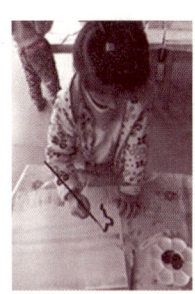

5. 展示作品，引导幼儿欣赏和交流。
- 教师：你是怎么画桃树的树干的？在画的时候遇到了什么问题？我们一起来讨论。

设计要点：桃树林中的桃树还是比较难画的，难在桃树的树枝上。教师可以把桃树和柳树进行比较，让幼儿发现桃树树枝的曲折和力量感。在表现的时候，幼儿可以用一些长短不同的折线来表现繁茂的桃树枝，效果比较好。

▶ 教学建议
- 区域活动：展示幼儿的绘画作品，相互欣赏和交流。
- 日常活动：交流桃树树干、树枝的外形特征。
- 游戏活动：开展"花店"游戏，和幼儿一起布置游戏场景。
- 家园共育：帮助幼儿了解桃树、桃花的外形特征。

活动4　桃花朵朵开（水粉画）

▶ 活动目标
1. 通过观察、比较、交流和欣赏，了解桃花的造型和色彩特点，感受桃花盛开时的温馨和浪漫。
2. 继续学习在探索的基础上，了解色彩深浅变化的规律，尝试用点彩的方法和不同深浅的桃红色表现一片盛开的桃花。
3. 继续学习蘸色、换色的方法，能有序进行操作，养成良好的操作习惯。

▶ 活动准备
1. 经验准备：幼儿认识桃树。
2. 物质准备。
- 教具："桃花"PPT。
- 学具：已经画好桃树树干和树枝的作业纸，适合表现桃花的颜色（白色、粉色、红色），小号水粉笔，抹布。

▶ 活动过程
1. 结合上次活动，布置今天的活动任务。
- 教师：上次我们画了桃树，今天我们来给桃树林添上桃花吧。
2. 欣赏桃花的PPT，了解桃花的造型和色彩特点，感受桃花盛开时的温馨和浪漫。
（1）浏览桃花的图片，初步感受桃花盛开时的温馨和浪漫。
- 教师：桃树开花是什么样子的？给你什么样的感觉？桃花开在桃树的什么位置？
- 教师：我们仔细看看桃花是什么样子的。桃花的花蕊是什么样子的？像什么？
- 教师：桃花有几片花瓣？（单瓣、重瓣）
- 教师：这些花瓣是什么样子的？（椭圆形的，桃花的花瓣是辐射状的）

- 教师：桃花是什么颜色的？（白色、粉色、红色）这些粉色（白色、红色）一样吗？有什么不一样？（同一朵花的花瓣颜色也有变化，靠近花蕊的比较深，越远越浅）

  （2）师幼共同小结：桃花开在桃树的枝条上，盛开时花朵很多，桃花的花瓣大多是椭圆形的，桃花有白色的、粉色的、红色的，每一朵的颜色有变化，同一朵花瓣中靠近花蕊的颜色比较深，然后越远越浅。

3. 交流创作思路，讨论怎样用深浅不同的颜色表现一朵盛开的桃花。
- 教师：桃树上一朵一朵的桃花怎么画？用什么方法？（点彩）
- 教师：先画什么？（花蕊）再画什么？（花瓣）
- 教师：花瓣长在什么地方？（花蕊的周围，围绕着花瓣）
- 教师：怎样画出颜色深浅不同的花朵？浅色的桃花怎么画？深色的呢？
- 教师：蘸颜色的时候要注意什么？（在抹布上擦一擦笔上的颜料）
- 教师：桃花开在哪里呢？一棵桃树上的桃花有什么不一样呢？

4. 幼儿创作《桃花朵朵开》，教师观察指导。

   （1）重点引导幼儿表现单层的桃花，将花瓣围绕着花蕊进行点彩。

   （2）提醒幼儿变换深浅不同的颜色表现不同的桃花，并注意疏密感。

5. 展示、交流幼儿的作品。
- 教师：你是怎么画桃花的？这些桃花有什么不一样吗？

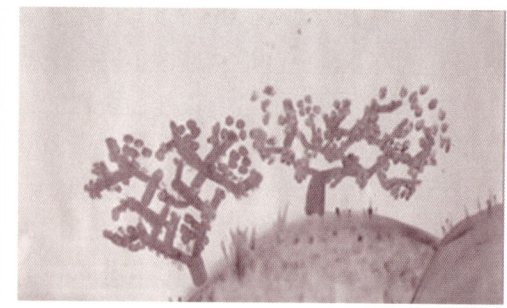

▶ **教学建议**
- 区域活动：运用撕纸、粘贴的方法表现桃树上的桃花。
- 日常活动：和同伴、教师一起交流桃花的外形特征。
- 游戏活动：继续开展"花店"游戏，和幼儿一起布置游戏场景。
- 家园共育：与幼儿一起欣赏绘画作品《桃花朵朵开》，继续帮助幼儿了解桃花的特征。

活动 5　柳树姑娘辫子长（水粉画）

▶ **活动目标**
1. 通过观察、比较、交流和欣赏，了解柳树枝条细长、低垂、柔软的特点，感受一片柳树林的柔美和飘逸。
2. 在不断探索的基础上，了解绿色的变化规律，尝试用不同的绿色表现春天的柳树。
3. 学习水粉笔的不同使用方法，尝试用笔的侧面蘸上颜料画出细细长长的柳条。

▶ **活动准备**
1. 经验准备：幼儿认识柳树，学唱歌曲《柳树姑娘》。
2. 物质准备。
- 教具："柳树"图片的PPT，《柳树姑娘》歌曲磁带，录音机。
- 学具：刷有土地、天空、小河的底纸，水粉颜料（黄色多、蓝色少），小号水粉笔，抹布。

▶ **活动过程**
1. 播放音乐，引导幼儿迁移已有经验，表达自己对柳树的认识和感受。

- 教师：春天里的柳树姑娘是什么样的？

2. 欣赏柳树PPT，感受柳枝细长、低垂、柔软的特点。
- 教师：柳树是什么样子的？给你什么样的感觉？
- 教师：歌里说的柳树的辫子指的是什么？
- 教师：看到春风儿一吹，柳枝甩进池塘，你有什么样的感觉？
- 教师：柳树的树干是什么样子的？什么颜色的？
- 教师：柳树的枝条是什么样子的？像什么？还像什么？
- 教师：柳枝是什么颜色的？这些绿色一样吗？柳枝上还有什么？（柳叶）
- 教师：柳叶是什么样子的？像什么？什么颜色的？
- 教师：一阵风吹过，柳树的枝条会有什么变化？（我们一起学一学）
- 教师：柳树的枝条长在树干的什么位置？是从树干的什么地方开始分叉的？

3. 引导幼儿表现柳树的绘画方法。
- 教师：柳树姑娘这么美，我们把她画下来吧，怎么画呢？先画什么？
- 教师：树干怎么画？上次我们画桃树树干的时候是怎么画的？那柳树的树干怎么画呢？（从下往上画）
- 教师：柳树姑娘细细长长的辫子怎么画呢？（用水粉笔的侧面蘸上颜料画出细细长长的柳条，教师必要时进行简单的示范）
- 教师：怎样在柳树上画出深浅不同的绿色枝条和叶子呢？（注意黄色和蓝色的用量）
- 教师：你想画几棵柳树？画在画纸的什么地方？
- 教师：柳树喜欢生长在哪里？（教师出示有背景的绘画底纸，引导幼儿根据绘画底纸的暗示进行画面的布局）
- 教师：微风吹过，柳树姑娘的辫子会有什么变化呢？你能画出微风中的柳树姑娘吗？

4. 幼儿创作《柳树姑娘辫子长》，教师观察指导。
   (1) 提醒幼儿表现2～3棵柳树，鼓励幼儿大胆创作。
   (2) 引导幼儿表现柳树上深浅不同的绿色，学习有目的地使用颜色。

5. 展示幼儿作品，相互欣赏和交流。
- 教师：柳树姑娘真美，尤其是她们长长的辫子，你是怎么画柳树姑娘的辫子的？

设计要点：柳树的难点在于对柳条的柔美感的表现，中班幼儿对笔的控制力较差，教师可以用小号的毛笔蘸上水粉（水要多一些），来画长长的、流畅而飘逸的线条。教师要用情趣化的语言鼓励幼儿多次尝试表现。

▶ **教学建议**
- 区域活动：在美术角提供皱纸和糨糊等工具让幼儿搓柳枝，粘贴柳树叶。
- 日常活动：交流自己对柳树的认识和感受。
- 游戏活动：与幼儿一起进行歌唱表演《柳树姑娘》。
- 家园共育：家长利用散步和游玩的时间带领孩子观察春天的柳树。

活动6 一丛紫荆花（水粉画）

▶ **活动目标**
1. 通过观察、比较、讨论和欣赏，了解紫荆花身形小巧、树干修长、花朵密集、色泽艳丽、合适丛栽的特点。
2. 尝试用粗细、曲直不同的线条和疏密不同的点表现一丛盛开的紫荆花。
3. 继续学习蘸色、换色的方法，能有序地进行操作，养成良好的操作习惯。

▶ **活动准备**
1. 经验准备：幼儿认识紫荆花。
2. 物质准备。
- 教具："紫荆花"PPT。
- 学具：有简单背景的底纸，水粉颜料，小号水粉笔，抹布。

▶ **活动过程**
1. 布置任务，猜想创作画面，激发兴趣。
- 教师：今天我们要来画紫荆花，你知道紫荆花是什么样子的吗？让我们来仔细看看。
2. 欣赏紫荆花PPT，感受紫荆花树干细长、花朵密集、色泽艳丽的特点。
  （1）浏览紫荆花的摄影作品，感受紫荆花的美。
- 教师：这是什么花？紫荆花是什么样子的？
- 教师：长在哪里呢？
  （2）重点欣赏紫荆花的花朵。
- 教师：还有什么颜色的紫荆花？（有红色，有紫色）
- 教师：这是什么？（花苞）什么样子的？
  （3）重点欣赏紫荆花的枝干。

主题六 桃红柳绿

- 教师：树干是什么样子的？树干都一样吗？
- 教师：树干还有什么颜色的？树枝是什么样子的？
3. 通过观察、比较、讨论，了解紫荆花的绘画方法。
  （1）教师示范，幼儿观察，共同讨论创作思路。
- 教师：这是我们今天绘画的作业纸，看看上面有什么？画在哪里？
- 教师：用什么画？（颜料、水粉笔）
- 教师：树干从哪里开始画？画多高？
- 教师：一共要画几棵？
- 教师：树干上还可以画上什么样的树枝？
- 教师：在点小花之前要做什么？（擦笔）
  （2）幼儿创作。
4. 展示、交流幼儿的作品。
- 教师：看看我们画的紫荆花，感觉怎么样？

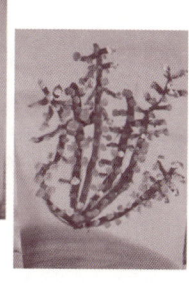

097

设计要点：紫荆花是一种丛栽乔木，树形较小，花朵密集而艳丽，幼儿创作前要充分思考，如：画几棵树？画在哪里？有什么不同？怎么才能画出密集的小花朵等，有利于他们艺术思维能力的提高。

▶ 教学建议

- 区域活动：继续尝试运用蜡笔等不同的绘画工具表现紫荆花。
- 日常活动：交流自己对紫荆花的认识和感受。
- 游戏活动：开展"花店"的游戏活动，利用幼儿制作的花儿布置游戏环境。
- 家园共育：和幼儿一起制作各种各样的花，放在班级的游戏区。

活动 7 紫藤萝（水粉画）

▶ 活动目标

1. 通过观察、讨论和交流，了解藤本植物的造型特点，感受串串紫藤花所营造的茂密绚烂。
2. 尝试用不同粗细的线条和点线组合表现一株盛开的紫藤花。
3. 能用正确的方法握笔、蘸色，养成良好的操作习惯。

▶ 活动准备

1. 经验准备：幼儿认识紫藤。
2. 物质准备。
- 教具："紫藤花"图片PPT。
- 学具：刷有草地、山坡、天空、藤架等背景的底纸，水粉颜料，小号水粉笔，抹布。

▶ 活动过程

1. 布置任务，猜想创作画面，激发兴趣。
- 教师：你们见过紫藤花吗？是什么样的？谁来给我们说说。
2. 欣赏紫藤PPT，了解藤本植物的造型特点，感受串串紫藤花所营造的茂密绚烂。
（1）浏览紫藤的图片，初步感受串串紫藤花所营造的茂密绚烂。

- 教师：紫藤花是什么样子的？串串的紫藤花给你什么样的感觉？
- 教师：紫藤花长在什么地方？和我们以前看到的花有什么不一样？

  （2）重点欣赏紫藤花的造型。
- 教师：串串的紫藤花是什么样子的？像什么？

  （3）重点欣赏紫藤花的颜色。
- 教师：紫藤花是什么颜色的？这些色彩一样吗？叶子长在哪里？

  （4）师幼共同小结。

  （5）画家画的紫藤是什么样呢？一起来看看。

3. 交流创作思路，讨论树干的绘画方法，幼儿作画。

   （1）讨论创作思路。
- 教师：紫藤花怎么画？先画什么？后画什么？
- 教师：藤怎么画的？
- 教师：你想画几串紫藤花？怎么画？
- 教师：最后可以加上什么？叶子是什么样子的？（绿色的）

  （2）幼儿创作。

4. 展示、交流幼儿的作品。
- 教师：看看我们画的紫藤花，感觉怎么样？
- 教师：你是怎样画出一串串的紫藤花的？

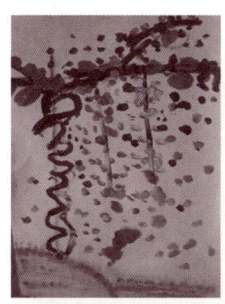 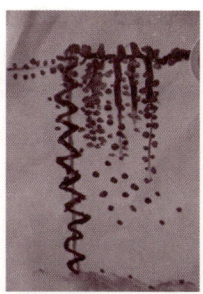 

▶ **教学建议**
- 区域活动：尝试运用多种材料的纸撕贴出多层花瓣的花。
- 日常活动：认识紫藤花，了解其外形特征。
- 游戏活动：交流介绍自己喜欢的花的花瓣颜色及形状。
- 家园共育：带幼儿去街边的花店参观，认识更多的花。

活动8 一片白桦林（水粉画）

▶ **活动目标**
1. 通过观察、交流和比较，进一步了解白桦树的特点，感受一片白桦林修直、洁白、雅致的美。
2. 学习控制笔的轻重、色彩的量以及运用平涂和侧涂的方法表现一片白桦林。
3. 能根据绘画内容对画面布局进行简单的思考，提高做事的计划性。

▶ **活动准备**
1. 经验准备：认识白桦林，有画单棵树的经验。
2. 物质准备。
- 教具：白桦林图片PPT，背景音乐，多媒体。
- 学具：水粉笔，颜料，抹布等。

▶ **活动过程**
1. 幼儿调动已有经验，并进一步了解白桦树的外形特征。
- 教师：白桦树是什么样子的？
- 师幼共同小结：白桦树的树干直直的、高高的、白白的，上面有一些黑色斑纹，斑纹有的像……树干上长了许多细细长长的树枝，树枝上长满了小小的叶子。
2. 通过观察、交流、比较和欣赏，感受白桦林修直、洁白、雅致的美。
- 教师：刚才我们看到了一片一片的白桦林，白桦林是什么样子的？
- 教师：它们有什么不一样？
- 教师：这是什么季节的白桦林？你怎么知道的？
- 教师：如果你走进这样的白桦林会有什么样的感觉？
3. 在观察、讨论的基础上，了解白桦林的绘画方法，尝试控制笔的轻重、色彩的量以及运用平涂和侧涂的方法表现一片白桦林。
（1）在观察、讨论的基础上，了解白桦林的绘画方法。
- 教师：今天我们要来画白桦林，你想画什么季节的白桦林？
- 教师：这里有三张作业纸，你觉得哪一张比较合适，为什么？
- 教师：其他两张适合画什么季节的白桦林？
- 教师：你的白桦林中有几棵白桦树？几棵什么样的白桦树？
- 教师：你觉得怎么画会又快又好看？

- 教师：树叶是什么颜色的？什么样子的？怎么画？
  （2）尝试控制笔的轻重、色彩的量以及运用平涂和侧涂的方法表现一片白桦林。
- 幼儿随乐创作《一片白桦林》，教师指导。
4. 展示幼儿作品，相互欣赏和交流。
- 教师：我们画的白桦林真美，说一说你画的白桦林吧。

▶ 教学建议

- 区域活动：选择一些白桦林的作品制作成欣赏手册，供幼儿欣赏。
- 日常活动：将白桦树的图片布置在区角内，供幼儿观察和认识。
- 游戏活动：猜谜语。
- 家园共育：帮助幼儿收集一些白桦林的图片，在收集的过程中和幼儿一起观察和认识白桦树。

主题评析

　　这个主题活动是结合季节特点开展的。春天到来，天气转暖，树木发芽，花儿也开了，这时家长都会带孩子外出郊游，孩子们对树木的变化、刚开的花朵也会比较感兴趣，所以正好引导孩子在外出郊游时拍摄一些树木花草的摄影图片，以交流摄影图片作为切入点，来引导幼儿感受春天色彩的美，鼓励他们用自己的方式表现春天的美。

　　在主题活动中，我们的设计更多地从色彩入手，因为春天的色彩最能吸引孩子们的眼球。教师引导幼儿用粉色、紫红色、绿色等颜色表现春天的植物、花朵，其中有同一色系的，如紫荆花和紫藤萝，还有颜色深浅变化的，如桃花。在点画桃花的活动中，我们为幼儿提供了白色和桃红色。幼儿在点画桃花时，蘸蘸白色、蘸蘸桃红色，这样画出来的桃花颜色有深有浅，层次很丰富，而且在点画的过程中，也感受到加白色与颜色深浅变化的关系。

　　同时，本主题活动也是按技能层次进行的，如"飞舞的花瓣"、"桃花朵朵开"是练习点画的技能，引导幼儿点出许多花瓣；"一丛紫荆花"、"小小桃树林"是练习用水粉笔根据树的生长规律向上画的技能；"盛开的紫藤"、"柳树姑娘辫子长"等活动引导幼儿探索如何将枝条画得细。

　　活动中教师和幼儿仿佛共度了一次美的旅途，在这个主题活动中，幼儿用到的绘画工具材料是水粉笔和颜料。通过几个绘画练习的活动，幼儿不仅感受到颜色层次上的变化，还在尝试、探索中，了解了水粉笔的不同用法，使用水粉笔绘画的技能有所提高，同时也促进小肌肉动作的发展。

主题七

开心农场

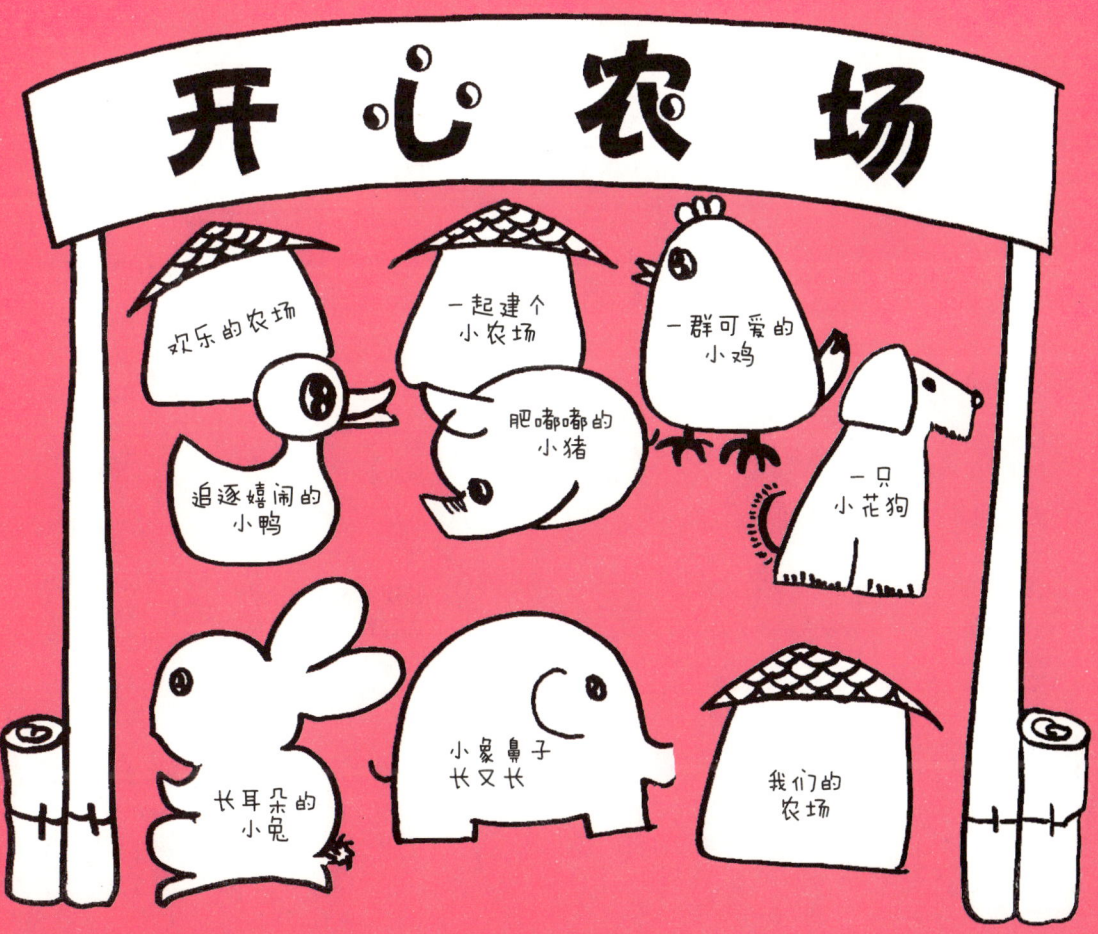

主题活动

活动名称	区域活动	日常活动	游戏活动	家园共育
欢乐的农场（讨论）	阅读一些介绍动物的图画书；观看与动物有关的视频	说一说自己喜欢的小动物外形、生活习惯等相关知识	在游戏活动中玩"猜猜我是谁"的游戏，扮演自己喜欢的小动物	参观附近的农场、动物园，观察小动物生活的环境
一起建个小农场（小组合作）	和小动物说"悄悄话"	说说农场里将要饲养的小动物	继续布置"农场"里各"家"的场景	帮助幼儿寻找制作"农场"场景的材料
一群可爱的小鸡（泥塑）	画一画可爱的小鸡，表现小鸡的不同动态	根据自己的泥塑作品创编关于小鸡的故事	在表演游戏中扮演小鸡，模仿小鸡的动作	欣赏幼儿的作品，肯定幼儿的进步
追逐嬉闹的小鸭（泥塑）	运用废旧材料制作"小池塘"，表现小鸭的家	与同伴、教师相互交流泥塑过程中的问题	在表演游戏中学唱有关小鸭的歌曲	在家和幼儿一起尝试饲养小鸭
肥嘟嘟的小猪（泥塑）	运用纸盒等废旧材料制作小猪的家	了解有关猪的种类和趣闻，并与同伴相互交流	表演小猪，感受小猪的动作特点	和幼儿聊一聊猪对人类的贡献
一只小花狗（泥塑）	用多种方法装饰小狗的"家"	欣赏不同种类小狗的图片，并与同伴相互交流	与同伴一起分角色扮演不同的小动物进行表演	收集有关小狗的搞笑视频，培养幼儿对小狗的喜爱之情
长耳朵的小兔（泥塑）	继续尝试用不同材料"连接"小兔的耳朵	与同伴交流自己在饲养角观察小兔的收获	运用自己制作的头饰扮演小兔	与幼儿一起饲养小兔子，了解小兔
小象鼻子长又长（泥塑）	用绘画、粘贴的方法表现大象	与同伴一起交流自己对大象的认识和了解	扮演大象，在游戏中进行表演	带幼儿参观动物园，观察大象的外形特征和生活习性
我们的农场（亲子）	继续运用多种方法装饰和美化我们的农场，增添更多场景	阅读有关动物的图书，说说小动物的特征及说话习性	加入创造性游戏，扮演"讲解员"角色	游览动物园，寻找更多的动物

主题七 开心农场

设计思路

"猪儿在农场噜噜……"一曲欢快的歌声仿佛真的把孩子们带进了农场,他们模仿着一个个熟悉的小动物,唱着、欢笑着,沉浸在无比的欢乐之中。本主题以歌曲《在农场里》为切入点,以搭建农场和塑造农场里的各种小动物为主要设计思路,在看看捏捏、涂涂画画、拼拼搭搭中了解动物,学习一些基本的泥塑技能,感受在搭建和塑造过程带来的快乐。

核心目标

1. 通过观察、交流、比较和欣赏,了解农场里各种动物的外形特征以及农场的基本设施,感受小动物的可爱以及在农场时的欢快情绪。
2. 学习手捏成型、粘贴、镶嵌、刻画等方法,尝试用多种技能塑造农场的各种小动物。
3. 在自我尝试和不断探索中,学习使用牙签、火柴棒、小豆等辅助材料装点塑造小动物。
4. 学习与同伴、父母协商,分工合作共同搭建本组的小农场和班级的大农场。

经验准备

1. 建议家长利用暑期或双休日带幼儿去农场参观、游玩,观察农场的环境,认识农场的小动物(重点是家禽和家畜),并用相机记录下幼儿在农场游玩时的场景。
2. 和爸爸妈妈一起填写"开心农场"调查表,并与同伴一起交流和分享。入园时将调查表带来幼儿园和同伴进行经验分享。
3. 和幼儿共同布置"开心农场"的区域的墙面,引导他们在欣赏和交流的过程中对农场里家禽和家畜的生活状态有进一步的了解。

物质准备

1. 教师:"开心农场"调查表,油泥20块(其中黄色7块、红色2块、黑色2块、白色6块、粉红2块、橘黄色1块),泥工板人手1块,泥工刀数量为全班人数的一半,牙签2盒,泡沫板1块,彩色纸黏土(12色)6盒。
2. 幼儿:每位幼儿带2张农场照片(或图片)来园,和爸爸妈妈一起收集搭建农场的材料(如:树枝、小棍、牛皮筋、小木屋等),可以带一个小的长毛绒动物玩具。

活动设计

活动1 欢乐的农场（讨论）

▶ **活动目标**

1. 通过回忆、演唱歌曲，欣赏、交流和讨论，了解一些常见动物的基本特征和生活习性，感受动物的可爱以及在农场生活的欢快情绪。
2. 大胆发表自己的意见和建议，在讨论的基础上确定班级农场中需要塑造的动物，了解农场的基本结构、简单设施和搭建农场所需要的材料。

▶ **活动准备**

1. 经验准备：认识几种常见的动物，知道其叫声；学唱歌曲《在农场里》。
2. 物质准备：鸡、鸭、猫、猪、牛等动物的图片。

▶ **活动过程**

1. 通过演唱歌曲调动幼儿已有经验。

    （1）复习歌曲，了解常见的小动物。

    - 教师：有谁生活在农场里呀？
    - 教师：你会用你的声音告诉大家吗？
    - 教师：你为什么要用这个动作表示小兔呢？

    （2）创编歌曲，增加新的小动物。

    - 教师：还会有哪些小动物在农场里呢？（出示小图片）
    - 教师：你会把这些小动物编进歌曲吗？

2. 集体交流，说一说自己喜欢的小动物。
    - 教师：你喜欢哪个小动物？你喜欢它什么地方？
    - 教师：你知道这些小动物的故事吗？它最爱吃什么？它住在哪里？
    - 教师：它们在农场里开心吗？
    - 教师：你会用动作表现出你最喜欢的小动物吗？
    - 教师：那么多的小动物生活在一起，开心吗？
    - 游戏：用你的动作来告诉我，你是哪个小动物，可以吗？

3. 集体交流，讨论班级"农场"的创建。
    - 教师：我们一起为小动物们建一个美丽的农场吧，让小动物可以生活在里面。这样的农场怎么建呢？
    - 小结：小朋友想的办法很好，我们大家和爸爸妈妈一起准备材料，搭建我们班级的小小农场，然后欢迎小动物们来做客。

设计要点： 本活动为一个综合活动，融说、唱、游戏为一体，形式尽可能轻松自由，让幼儿充分感受农场的欢乐气氛。在讨论搭建什么样子的农场时，教师要提供一些农场的照片，丰富幼儿的经验，让幼儿在已有经验的基础上进行想象。

▶ **教学建议**
- 区域活动：阅读一些介绍动物的图画书；观看与动物有关的视频。
- 日常活动：说一说自己喜欢的小动物外形、生活习惯等相关知识。
- 游戏活动：在游戏活动中玩"猜猜我是谁"的游戏，扮演自己喜欢的小动物。
- 家园共育：参观附近的农场、动物园，观察小动物生活的环境。

活动2 一起建个小农场（小组合作）

▶ **活动目标**
1. 在观察、交流和欣赏的基础上，进一步了解农场的建筑结构和主要设施。
2. 通过观察和讨论，了解搭建农场的基本材料和使用方法，尝试和小朋友一起动手搭建自己喜欢的农场。
3. 学习小组成员共同商量，尝试分工合作共同完成搭建小农场任务。

▶ **活动准备**
1. 经验准备：幼儿了解有关农场的简单知识。
2. 物质准备：幼儿和爸爸妈妈收集有关搭建农场的废旧材料。

▶ **活动过程**
1. 通过回忆、交流，调动幼儿有关农场的已有经验。
- 教师：你们看过农场吗？在哪里看到的？是什么样子的？
2. 集体观察、讨论、交流、欣赏农场图片，了解农场围合的特点以及防御的功能，感受农场围合的多样状态。
  （1）完整欣赏多张农场图片，整体感受农场的围合特点。
- 教师：农场给你什么样的感觉？
- 教师：为什么要建农场呢？
  （2）逐图欣赏农场图片，了解农场搭建材料和形式多样的特点。
- 教师：农场是什么样的？
- 教师：每个小动物的家都是一模一样的吗？为什么不一样？
- 教师：农场搭建都用了哪些材料？
3. 分组讨论，学习用不同的材料来搭建。
  （1）分组讨论，不同小动物的"家"的围合方法。
- 教师：你们准备搭建谁的"家"？准备了什么材料？

（2）幼儿分组创作，教师观察指导。
- 重点：为不同动物的"家"选用适合的材料。

4. 欣赏幼儿作品，能用语言来表述。
- 教师：你们为谁搭建的"家"？用了什么材料？为什么要这么搭建？

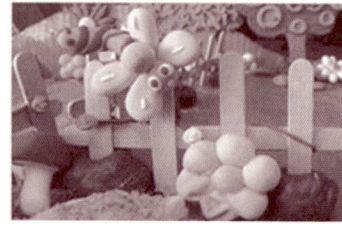

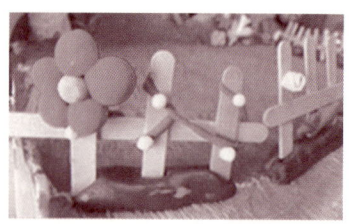

设计要点：教师要在幼儿讨论的基础上，对农场有整体的思考。活动前在教室一角选择一块固定的区域，根据搭建需要，将幼儿进行分组，并将收集来的材料进行归类。活动中教师要引导幼儿讨论每个小组承担的任务，以及小组成员如何分工合作共同完成任务，还须指导小组间的衔接。

教学建议
- 区域活动：准备各种小动物的玩偶，和小动物说"悄悄话"。
- 日常活动：说说动农场里将要饲养的小动物。
- 游戏活动：继续布置"农场"里各种小动物的"家"。
- 家园共育：帮助幼儿寻找制作"农场"场景的材料。

活动3 一群可爱的小鸡（泥塑）

▶ **活动目标**

1. 通过观察、比较、交流和欣赏，了解小鸡的造型特点，感受小鸡的活泼和可爱。
2. 学习将泥分成两份、手捏成型、粘贴等塑造方法，尝试用这些方法塑造一群可爱的小鸡。
3. 知道需要用多少泥就拿多少，不用的要放回原处，并努力管理好自己的操作材料，养成良好的操作习惯。

▶ **活动准备**

1. 经验准备：幼儿在自然角饲养过小鸡。
2. 物质准备。
   - 教具：多种形态的小鸡图片PPT。
   - 学具：泥团，泥工板人手一份，牙签若干。

▶ **活动过程**

1. 通过回忆、交流，调动幼儿对小鸡的已有经验。
   - 教师：记得我们自然角的小鸡吗？是什么样子的？
2. 集体观察、讨论、交流、欣赏小鸡图片，了解小鸡的外形特点。
   - 完整欣赏多张图片，感受小鸡的外形。
   - 教师：仔细看看小鸡长得什么样子？身体是什么样的？
   - 教师：小鸡的头是什么样的？头上有什么？

3. 集体讨论，幼儿创作，尝试用分泥、手捏成型、粘贴等方法塑造小鸡。
   - 教师：我用油泥可以怎么做出一只小鸡呢？
   - 教师：先要做什么？（做头和身体）
   - 教师：先分出的两团泥（头和身体）要一样大小吗？为什么？
   - 教师：头和身体怎么连接在一起呢？除了把头和身体粘在一起还可以怎么办？（教师示范运用牙签连接的方法）

- 教师：小鸡的小尖嘴、眼睛、小脚怎么做？（手捏、粘贴）

  （2）幼儿创作，教师观察指导。
- 重难点：眼睛和小脚对称，大小一致。

4.欣赏、评价幼儿作品，进一步感受小鸡的可爱。
- 教师：你们做的小鸡是什么样的？它在干什么呢？

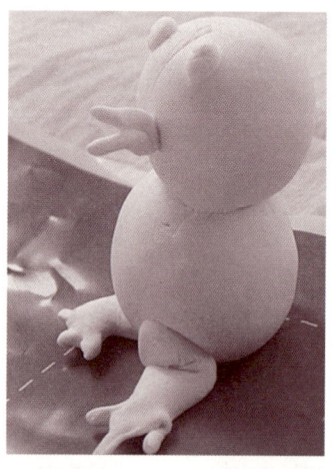
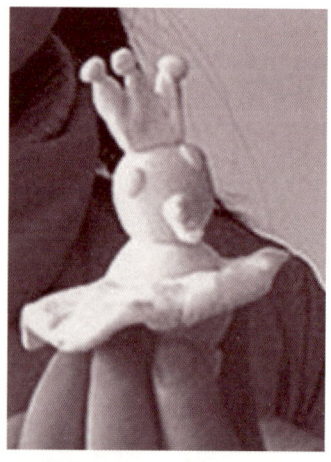

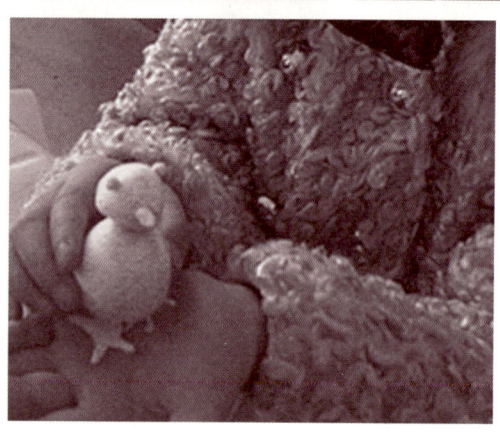

设计要点：塑造小鸡的形象对于中班的幼儿来说并不难，教师要注意放手让幼儿探索，在探索的基础上，再进行讨论完善。油泥也不要只局限于黄色，可以提供白色和黑色等多种颜色，这样摆放在农场里更加丰富多彩。

▶ **教学建议**
- 区域活动：画一画可爱的小鸡，表现小鸡的不同动态。
- 日常活动：根据自己的泥塑作品创编关于小鸡的故事。
- 游戏活动：在表演游戏中扮演小鸡，模仿小鸡的动作。
- 家园共育：欣赏幼儿的作品，肯定幼儿的进步。

活动 4　追逐嬉闹的小鸭（泥塑）

▶ **活动目标**

1. 在观察、比较、交流和欣赏的基础上，了解小鸭子的基本外形特点，感受小鸭子在水中追逐嬉闹的快乐情绪。
2. 继续学习分泥、手捏成型、粘贴等方法，尝试塑造两只不同形态的小鸭子。
3. 遇到困难能想办法解决，耐心、细致地完成塑造任务。

▶ **活动准备**

1. 经验准备：幼儿已欣赏过小鸭戏水的视频。
2. 物质准备。
   - 教具：小鸭戏水的图片。
   - 学具：泥团，泥工板人手一份，牙签若干。

▶ **活动过程**

1. 谈话，回忆已有的关于小鸭戏水的经验，并了解今天的创作任务。
   - 教师：我们一起看过小鸭戏水的视频，你觉得小鸭在水里嬉闹是什么样的心情？
   - 教师：小鸭在水里是怎么戏水的，你能用动作告诉我吗？
   - 教师：今天我们要用泥塑的方法表现小鸭戏水，你会吗？
2. 欣赏小鸭戏水的组图，进一步感受小鸭在水中追逐嬉闹的不同形态。
   - 教师：小鸭在水里时，它身体的什么部位就藏起来了？
   - 教师：小鸭在戏水的时候，他的头和身体是怎样的？
   - 教师：用你的动作来告诉我们，再说一说，它们有的怎样，有的怎样。

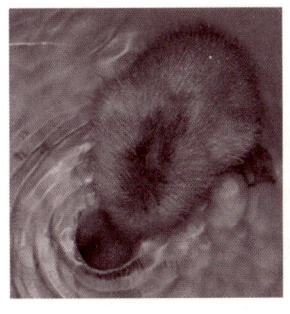  

3. 在已有的池塘场景中，尝试用分泥、手捏成型、粘贴等方法塑造两只不同形态的小鸭子。
   - 教师：刚才小朋友讲了小鸭在戏水时，有的……有的……那用油泥怎么来塑造呢？
   - 教师：小鸭的身体在水里，远远看上去像什么？
   - 教师：小鸭长长的脖子怎么捏？扁扁的嘴巴怎么捏呢？

4. 幼儿创作，教师观察指导。
- 注意迁移表现小鸡的经验表现小鸭，并注意小鸭和小鸡的不同特点。
5. 展示评价幼儿作品，鼓励幼儿的进步。
- 教师：让你们的小鸭到我的池塘里来戏水哦。

▶ **教学建议**
- 区域活动：运用废旧材料制作"小池塘"，表现小鸭的家。
- 日常活动：与同伴、教师相互交流泥塑过程中的问题。
- 游戏活动：在表演游戏中学唱有关小鸭的歌曲。
- 家园共育：在家和幼儿一起尝试饲养小鸭。

活动5 肥嘟嘟的小猪（泥塑）

▶ **活动目标**
1. 通过观察、比较、交流和欣赏，了解小猪的外形特点，感受小猪憨态可掬的造型美。
2. 在不断讨论和探索的基础上，尝试使用手捏成型、粘贴、牙签刻画等多种方法塑造一只可爱的小猪。
3. 知道根据需要取放材料，有序进行操作活动，养成良好的操作习惯。

▶ **活动准备**
1. 经验准备：幼儿有合作使用操作工具的经验。
2. 物质准备。
- 教具：小猪和小鸭的图片。
- 学具：泥团，泥工板人手一份，牙签若干。

▶ **活动过程**
1. 通过回忆、交流、唤起幼儿的经验。
- 教师：我们都见过小猪，小猪是什么样子的？
- 教师：你为什么喜欢小猪呢？
2. 通过观察、比较、欣赏和讨论，了解小猪的身体结构和主要特点。

- 教师：你看到的小猪是什么样子的？你最喜欢小猪的什么地方？是什么样的？
- 教师：小猪的鼻子是什么样的？耳朵呢？

3. 讨论使用手捏成型、粘贴、牙签刻画等多种方法塑造一只可爱的小猪。

- 教师：塑造可爱的小猪，需要怎么分泥？分成几团合适呢？（头、身体、其他部分）
- 教师：小猪的大鼻子怎么表现？（粘贴）
- 教师：大大的鼻孔怎么表现？
- 教师：小猪的大大的耳朵长在脑袋的哪里？分泥的时候需要注意什么？
- 教师：还有什么问题呢？

4. 幼儿运用油泥表现小猪，教师观察指导。
   （1）提醒幼儿完整表现小猪的身体部分。
   （2）鼓励幼儿在做泥塑小猪时有创意的表现。

5. 欣赏幼儿作品，相互交流与评价。
   - 教师：你是怎么做泥塑小猪的？做的时候遇到了什么问题？
   - 教师：你的小猪正在干什么呢？

   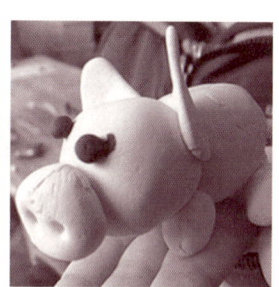

设计要点：要注意引导幼儿根据所塑造的动物形象，思考合理分配泥块的问题。色彩也尽可能丰富一些，不要局限于粉色。要提醒幼儿保管好小猪的鼻子、眼睛等小的身体部位。初次学习手捏成型的方法，幼儿会有一些难度，教师要鼓励幼儿耐心、细心地进行塑造。

▶ **教学建议**

- 区域活动：运用纸盒等废旧材料制作小猪的家。
- 日常活动：了解有关猪的种类和趣闻，并与同伴相互交流。
- 游戏活动：表演小猪，感受小猪的动作特点。
- 家园共育：和幼儿聊一聊猪对人类的贡献。

活动6 一只小花狗（泥塑）

▶ 活动目标

1. 通过观察、比较、交流和欣赏，了解小狗的外形特点，感受小狗造型的丰富和体态的多变。
2. 在不断讨论和探索的基础上，尝试运用手捏成型、粘贴、牙签刻画等多种方法塑造一只可爱的小花狗。
3. 乐意欣赏他人的作品，能仔细观察，做出较为客观的评价。

▶ 活动准备

1. 经验准备：幼儿欣赏过多幅关于小狗的图片和视频。
2. 物质准备。
  - 教具：小狗的图片，视频。
  - 学具：泥团，泥工板人手一份，牙签若干。

▶ 活动过程

1. 谈话，调动幼儿已有经验，并提出今天的任务。
  - 教师：我们看过很多小狗的图片，你能说出哪些小狗的名字呢？
  - 教师：谁家里养过小狗？你喜欢吗？叫什么名字？
2. 通过欣赏、交流小狗的图片，感受小狗品种的多样。
  （1）欣赏多幅图片，感受小狗品种的多样。
  - 教师：我们的农场要养一些小狗，我们先来看一看小狗是什么样的。
  - 教师：这些狗狗长得一样吗？有什么不一样？

  - 师幼共同小结：有的身体像……有的耳朵像……有的像……有的像……有的像……
3. 幼儿尝试运用油泥表现各种各样的小狗。
  - 教师：还记得我们怎么做小猪的吗？会用同样的方法来捏小狗吗？
  - 教师：先干什么？后干什么呢？分泥的时候要注意什么？
  - 教师：你想捏一只什么样的小狗呢？是小一点的吉娃娃呢？还是大一些的哈士奇呢？
  - 教师：怎样捏出小狗的四条腿呢？
  - 教师：还有什么需要大家帮助的地方？
4. 幼儿泥塑各种各样的小狗，教师观察指导。
  （1）鼓励幼儿表现和别人不一样的小狗。
  （2）注意提醒幼儿完整表现小狗的身体部位。（头、身体、尾巴、腿）

5. 展示各种各样的小狗，相互欣赏和评价。
- 教师：你泥塑的小狗是什么样子的？
- 教师：根据自己小狗的特点给它取一个好听的名字吧。

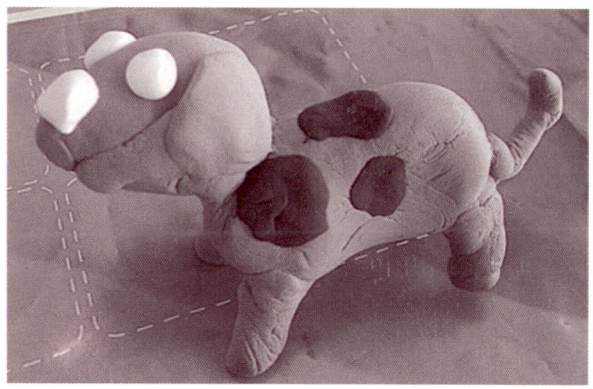

▶ **教学建议**
- 区域活动：继续尝试用多种材料、多种方法装饰小狗的"家"。
- 日常活动：欣赏不同种类小狗的图片，并与同伴相互交流。
- 游戏活动：与同伴一起分角色扮演不同的小动物进行表演。
- 家园共育：收集有关小狗的搞笑视频，培养幼儿对小狗的喜爱之情。

活动 7　长耳朵的小兔（泥塑）

▶ **活动目标**
1. 在观察、比较、交流和欣赏的基础上，了解小兔的外形特点，感受一群小兔奔跑在草地上的欢乐情绪。
2. 在不断讨论和探索的基础上，尝试运用手捏成型、粘贴、镶嵌、牙签刻画等多种方法塑造一只可爱的小兔子。
3. 乐意欣赏他人的作品，能仔细观察，做出较为客观的评价。

▶ **活动准备**
1. 经验准备：幼儿有分泥操作的经验。
2. 物质准备。
- 教具：小兔的图片或者实物。
- 学具：泥团，泥工板人手一份，牙签若干。

▶ **活动过程**
1. 以猜谜的方式，调动幼儿的兴趣和已有经验。
- 教师：给大家猜个谜语，红眼睛、长耳朵，爱吃萝卜和青菜，走起路来蹦蹦跳。
- 教师：你还知道有关小兔的儿歌或者谜语吗？

2. 通过欣赏、交流，感受小兔的可爱。
   - 教师：今天我请来了一位小客人，你们来看一看是谁。
   - 教师：小兔是什么样子的？这只小兔是什么颜色的？
   - 教师：你还见过什么样的小兔？
3. 师幼共同讨论泥塑小兔的方法和过程。
   - 教师：我们的农场里也能饲养小兔哦！
   - 教师：我们来泥塑一些可爱的小兔放在我们的农场里吧。
   - 教师：怎么泥塑呢？先干什么？然后呢？
   - 教师：分成几团泥比较合适？
   - 教师：怎么捏出小兔的长耳朵？怎么粘在小兔的头上呢？
   - 教师：除了用牙签进行连接，还可以怎么办呢？（教师示范镶嵌的方法）
   - 教师：小兔有几条腿？怎么捏出小兔的腿？怎么连接在身体上呢？
   - 教师：你的小兔喜欢干什么呢？怎么表现小兔不同的动作呢？

4. 幼儿泥塑小兔，教师观察指导。
   （1）提醒幼儿注意表现小兔不同的动态。
   （2）鼓励幼儿尝试运用不同的方法连接小兔的身体部位。
5. 展示幼儿的作品，相互欣赏评价。

▶ **教学建议**
- 区域活动：继续尝试用不同材料"连接"小兔的耳朵。
- 日常活动：与同伴交流自己在饲养角观察小兔的收获。
- 游戏活动：运用自己制作的头饰扮演小兔。
- 家园共育：与幼儿一起饲养小兔子，了解小兔。

活动 8 小象鼻子长又长（泥塑）

▶ **活动目标**

1. 在观察、比较、交流和欣赏的基础上，了解大象的外形特点，感受其体态的笨重和鼻子的灵巧。
2. 在不断讨论和探索的基础上，尝试使用手捏成型、粘贴、镶嵌、牙签刻画等多种方法塑造一只可爱的小象。
3. 遇到困难能想办法解决，并耐心、细致地完成塑造任务。

▶ **活动准备**

1. 经验准备：幼儿认识大象。
2. 物质准备。
   - 教具：大象的图片、玩偶等。
   - 学具：泥团，泥工板人手一份，牙签若干。

▶ **活动过程**

1. 欣赏歌曲、玩偶，感受小象的外形特点。
   - 教师：这首歌里唱了什么？两只小象在做什么？
   - 教师：两只小象是怎么握手的？我们也来学一学。
   - 教师：这是谁？（教师出示小象的玩偶）
   - 教师：小象是什么样子的呢？
2. 欣赏图片，进一步认识小象的特点。
   - 教师：你看到的小象是什么样子的？
   - 教师：它们在做什么？
   - 教师：它们为什么可以帮人做这些事情？
   - 教师：它的头上还有什么？耳朵像什么一样？小象有牙齿吗？
   - 教师：小象和爸爸妈妈比有什么不一样？
   - 教师：为什么小象看上去比较可爱呢？（头显得大一些）

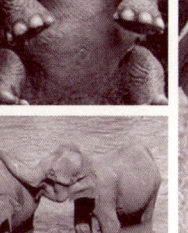

3. 尝试用手捏成型、粘贴、镶嵌、牙签刻画等方法塑造小象。
   - 教师：我们怎么泥塑小象呢？怎么来做小象的长鼻子呢？
   - 教师：除了分泥连接，还可以用什么方法？（教师简单示范直接拉伸的方法）
   - 教师：小象大大的耳朵怎么捏？
4. 幼儿泥塑小象，教师观察指导。
   (1) 鼓励幼儿先分泥再泥塑小象，注意表现小象长长的鼻子和大大的耳朵。
   (2) 提醒幼儿在泥塑小象的时候遇到问题能大胆向别人求助。

5. 展示幼儿作品，相互欣赏和评价。
- 教师：你是怎么泥塑小象的长鼻子的？捏长鼻子的时候遇到了什么问题？
- 教师：你是怎么解决的？
- 教师：你的小象在干什么呢？

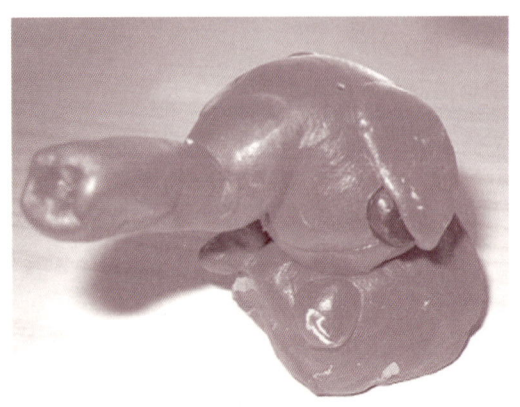

▶ **教学建议**
- 区域活动：用绘画、粘贴的方法表现大象。
- 日常活动：与同伴一起交流自己对大象的认识和了解。
- 游戏活动：扮演大象，在游戏中进行表演。
- 家园共育：带幼儿参观动物园，观察大象的外形特征和生活习性。

活动9 我们的农场（亲子）

▶ **活动目标**
1. 积极与同伴交流自己的制作经验和感受，尝试用简短的语言描述小农场的生动景象。
2. 与父母一起将小农场组合成一个大农场，并通过寻找替代物或进行简单制作来添加合适的场景。

▶ **活动准备**
1. 经验准备：幼儿熟悉班级"农场"的内容。
2. 物质准备：农场景点的讲解视频。

▶ **活动过程**
1. 集体交流，激发"小小讲解员"的愿望。
- 教师：怎样让来参观的爸爸妈妈、弟弟妹妹清楚地了解我们的农场？
- 教师：需要给参观者介绍些什么？声音要怎么样？
- 教师：可以以什么样的顺序来介绍？
- 教师：谁愿意来当"小小讲解员"？
- 教师：怎么来当"小小讲解员"？

2. 欣赏农场景点讲解的视频，感受讲解的重要性。
- 教师：那位说话的阿姨是谁？
- 教师：为什么她要为大家讲解？
- 教师：听了她的讲解，你觉得怎么样？

3. 分小组，亲子讨论。
- 教师：你们准备介绍哪个小动物的"家"？怎么介绍？
- 教师：还需要怎样让这个小动物的"家"更丰富？
- 教师：你们谁做"小小讲解员"，谁做"小小邀请员"？

4. 幼儿分工，扮演邀请员和讲解员的角色。

▶ **教学建议**
- 区域活动：继续运用多种方法装饰和美化我们的农场，增添更多的场景。
- 日常活动：阅读有关动物的图书，说说小动物的特征及说话习性。
- 游戏活动：加入创造性游戏，扮演"讲解员"角色。
- 家园共育：游览动物园，寻找更多的动物。

主题评析

1. 本主题以学习泥塑各种小动物为主。我们根据幼儿的生活经验，与家长、幼儿共同创设了一个生动、有趣的农场，既可以作为主题活动中作品的展示区域，增加幼儿泥塑作品的美感，又可以调动幼儿参与活动的兴趣。同时，我们还选择了幼儿熟悉和喜爱的小鸡、小鸭、小猪等常见的动物为欣赏和泥塑的对象，通过探索、交流等方法引导幼儿主动学习各种泥塑小动物的方法，其中包括各种泥塑技能的运用、辅助材料的运用。

2. 幼儿在前两个泥塑小鸡、小鸭的活动时，除了学习分泥、手捏泥成型的基本技能之外，还发现了只要变化头部的位置就能很快改变动物原有的动态，这样的经验，幼儿也迁移到了后面泥塑较大动物的活动中，所以幼儿的动物泥塑作品造型各异、形态多样。同时，在表现一些较为庞大的动物造型时，幼儿尝试运用牙签等辅助材料进行动物身体部位的连接，并获得了成功的体验，积累了丰富的泥塑经验。

3. 教师发现动物永远是幼儿喜爱的话题，围绕动物开展的主题活动只要层层递进、步步深入，就能激发起幼儿无限的创作潜能。活动中教师不但要引导幼儿细致观察小动物的实物或图片，认识和了解各种动物的外形特征，还要帮助幼儿充分了解这些小动物的生活习性，这样幼儿在塑造这些动物的时候才会更生动、形象。

主题八
我们的饰品秀

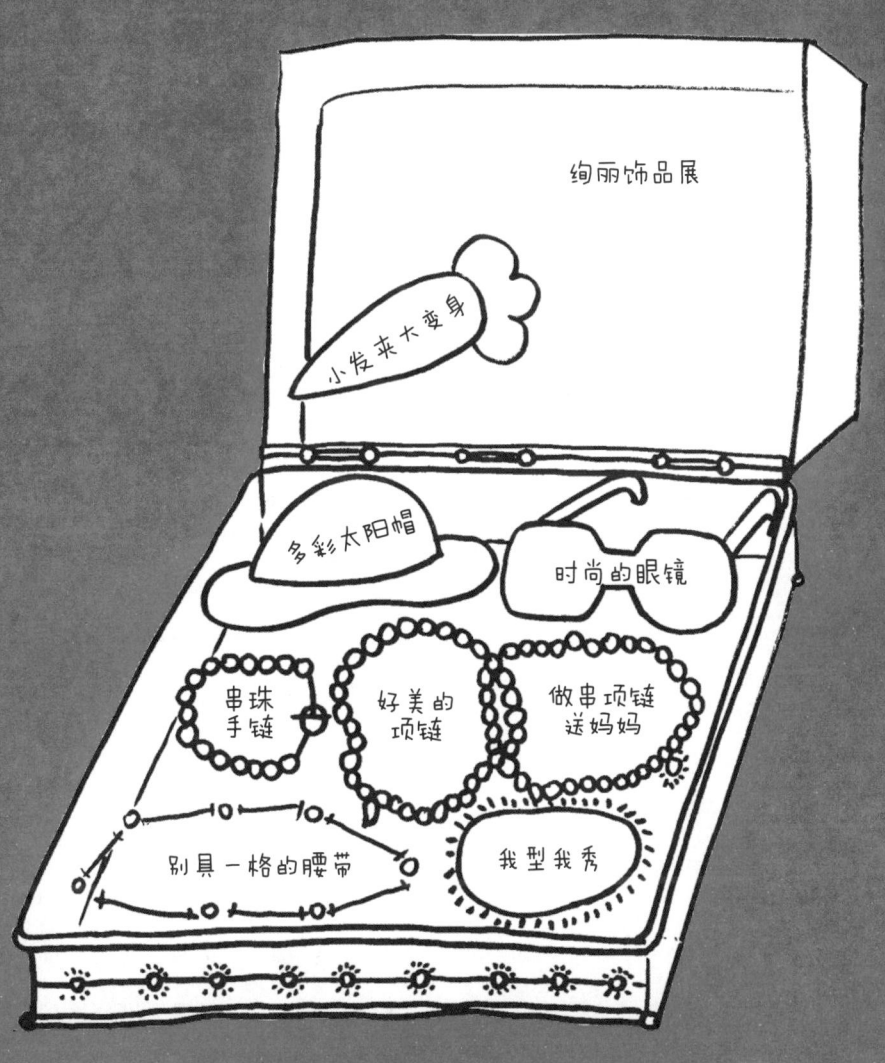

主题活动

活动名称	区域活动	日常活动	游戏活动	家园共育
绚丽饰品展（欣赏）	布置生活饰品展	交流：我收集的饰品	"饰品店"游戏（分类摆放）	共同完成有关饰品的调查表
小发夹大变身（制作）	在美工角提供纸黏土继续制作发夹	进行发夹展览活动	将做好的发夹放在"小舞台"、"理发店"等游戏中装扮自己	收集发夹（实物、图片）
多彩太阳帽（制作）	在美工角提供颜料，用绘画的方式进行装饰	欣赏收集来的实物和图片	音乐游戏"传帽子"	收集可以用来装饰帽子的半成品
时尚的眼镜（制作）	用绘画、剪贴等方式装饰眼镜	欣赏有趣的眼镜	开设"小小眼镜店"	收集眼镜（实物、图片）
串珠手链（制作、装饰）	在美工角提供软陶制作小的工艺品	欣赏收集到的手链	在"饰品店"中增添手链	收集手链（实物、图片）
好美的项链（设计、欣赏）	在美工角继续设计、装饰	学习用绳子打结，为后面制作项链做准备	讨论如何制作自己设计的项链，需要用到哪些材料	家长和幼儿共同收集各种项链
做串项链送妈妈（制作）	提供软陶制作耳环等饰品	布置展览，欣赏交流	用制作好的饰品布置"饰品店"游戏，开展买卖游戏	在"三八节"的时候送给妈妈自己制作的项链
别具一格的腰带（制作）	继续学习运用回形针、毛根、圆环等材料串接的方法	交流、介绍自己做的腰带	在"小舞台"游戏中增添腰链，让幼儿系着腰链学习印度舞	与爸爸妈妈一起用废旧材料制作腰带
我型我秀（亲子表演）	在活动区角筹办自制饰品展示会	布置展览制作的饰品，与同伴欣赏、交流	幼儿佩戴饰品在音乐角进行走秀的练习和表演	和爸爸妈妈一起商量模特儿、解说员的角色分工，为饰品走秀做准备

设计思路

精美的项链、多彩的太阳帽、时尚的眼镜——这些生活中形形色色的饰品，不仅装点着人们的生活，也吸引着孩子们一双双渴求的眼睛。本主题以"欣赏多姿多彩的饰品"为切入点，以筹备"我型我秀"饰品展示会为主要设计线索，让幼儿在收集、分类、欣赏、制作、装饰和展示中发现美、感受美和创造美。

核心目标

1. 通过收集、观察、比较和欣赏，了解各种饰品的外形特点，感受饰品造型的丰富、装饰的精美和风格的迥异。
2. 学习软陶造型、材料串接、饰品装饰等多种方法，尝试自己制作多种常见饰品。
3. 能自己穿戴饰品、大胆随乐走台、摆造型，体验制作、表演带来的乐趣。
4. 能按需取材，把不用的物品放回原处，耐心、细致、有序地完成制作任务，养成良好的操作习惯。

经验准备

1. 和爸爸妈妈共同完成有关饰品的调查表，收集饰品的实物及图片带来幼儿园和同伴进行经验分享。
2. 和幼儿一起将幼儿所带的饰品布置在教室墙面和区角，引导幼儿进一步欣赏、交流自己喜欢的饰品和相关的生活经验。
3. 请幼儿回家观察妈妈的饰品，知道一些饰品的名称和佩戴位置以及饰品的作用。
4. 会用剪刀沿直线、曲线剪，以及学习掏空剪、对折剪的技能，会使用双面胶，学习给绳子打结。

物质准备

1. 教师：每个活动的幻灯片，桌布6块，打孔器6个，热熔枪一个及热熔胶，酒精胶6瓶，双面胶12卷，彩色A4纸一包，彩色纸黏土6包，软陶12袋，彩色泡沫纸8大张，彩色回形针8盒，彩色羽毛60根，黑色鱼嘴发夹40个，彩色线绳80根，彩色吸管（大小各30根），彩色丝带30条，用于搭配的木珠（大小各100个），长条形、扇形彩色卡纸各20张，彩色圆形卡纸人手一张，彩色长条纺织布人手一条（长60 cm、宽20 cm）。
2. 幼儿：各种小贴纸，在区角穿制的小挂坠若干，在区角串接的回形针若干串，彩色羽毛若干，半成品（蝴蝶结、绢花、珠花、丝带花）若干，剪刀人手一个，彩色水彩笔人手一盒。

活动设计

活动1 绚丽饰品展(欣赏)

▶ **活动目标**

1. 通过欣赏、观察、比较、交流和归类,了解生活中常见饰品的造型和装饰特点,感受饰品的时尚外形、精美装饰和绚丽色彩。
2. 能用清楚的语言、丰富的词汇表达自己对饰品的认识和感受。

▶ **活动准备**

1. 经验准备:幼儿见过一些饰品,知道它们的名称。
2. 物质准备:有关饰品秀的视频,各种饰品的实物和图片。

▶ **活动过程**

1. 欣赏珠宝、眼镜等配饰表演的视频,引发幼儿对饰品的兴趣。
   - 教师:这是什么表演,你喜欢吗?
   - 教师:如果你戴着它,心情会怎么样?
   - 小结:帽子、项链、手链、耳环、戒指等都是饰品,带上饰品可以让人们更漂亮、更时尚、更快乐。
2. 幼儿自主选择饰品,和同伴共同欣赏交流。

  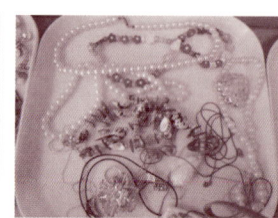 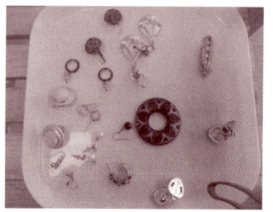

   - 教师:桌子上有很多饰品,你喜欢哪一个饰品?
   - 教师:它是什么样子的?什么颜色的?
   - 教师:你觉得这个饰品哪里最好看?(造型、颜色、装饰特点)
   - 教师:你还见过哪些饰品?它们是什么样的?
3. 欣赏饰品PPT或视频,感受饰品的时尚外形、精美装饰和绚丽色彩。
   - 教师:我们一起来欣赏一些饰品的图片。
   - 教师:你最喜欢哪一个?它是什么样子的?
4. 开设"饰品店"的游戏,观察、比较、交流同种饰品外形、颜色和装饰上的不同,进一步感受饰品的美。

   (1)将展示架上的饰品进行归类。
   - 教师:今天我们要开一家饰品店,请小朋友们看看架子上的图示,把桌上的饰品放到相应的架子上。

(2) 自由交流讨论同种饰品的外形、色彩和装饰细节。
- 教师：我们的饰品店正式开张啦，大家选一选自己喜欢的饰品吧！
- 教师：同一种饰品的外形有什么不一样？颜色呢？有什么特别的装饰？

5. 延伸活动，幼儿用自己喜欢的饰品打扮自己。

设计要点：本活动主要是引导幼儿了解饰品的种类是多种多样的，感受饰品具有外形时尚、装饰精美和色彩绚丽的特点。在欣赏交流时，教师需从饰品的造型、颜色、装饰特点几方面引导幼儿进行表述。另外，教师要明确本活动的另一目的是激发幼儿对饰品的喜爱，激发幼儿参与制作饰品的兴趣。

▶ **教学建议**
- 区域活动：在活动区域布置生活饰品展，开阔幼儿的眼界。
- 日常活动：主动与同伴交流自己收集、带来的饰品，并说说自己喜欢的饰品。
- 游戏活动：开设"饰品店"的游戏，按饰品种类归类，整齐摆放。
- 家园共育：和爸爸妈妈共同完成有关饰品的调查表，收集饰品。

活动 2 小发夹大变身（制作）

▶ **活动目标**
1. 通过观察、比较、交流和欣赏，了解发夹上不同装饰物的特点，感受其造型的可爱和色彩的艳丽。
2. 迁移已有经验，尝试用团圆、搓长、压扁、叠加等多种方法制作一个精美的小饰品粘贴在发夹上。

▶ **活动准备**
1. 经验准备：幼儿会团圆、搓长、压扁、叠加等泥贴技能。

2. 物质准备。
- 教具：发夹图片，实物发夹，范例若干。
- 学具：黑色鱼嘴发夹每位幼儿1~2个，3~4种颜色的纸黏土每组一份，辅助材料（热熔枪）。

▶ 活动过程

1. 出示黑色发夹，帮助幼儿了解发夹的用处，引发其参与活动的兴趣。
- 教师：发夹有什么用呢？
- 教师：你见过什么样的发夹？

2. 幼儿小组结伴欣赏实物发夹，感受发夹造型的可爱和色彩的艳丽。
- 教师：每个小组的桌子上有好多漂亮的发夹，一起看一看，这些发夹是什么样子的呢？发夹上有哪些漂亮的装饰？

3. 欣赏发夹PPT，感受发夹上丰富的造型以及装饰花纹。
- 教师：发夹上都有哪些漂亮的图案和线条？它们装饰在发夹的哪里？
- 教师：你还见过哪些发夹？它是什么样的？
- 小结：发夹上的装饰特别多，有的是花朵、有的是蝴蝶、有的是可爱的小动物……还有一些是用花纹和图案装饰的，有的是大大小小的点点、圈圈，有的是长长短短、弯弯曲曲的线条……这些造型可以装饰在发夹的不同位置，有的在发夹的……有的在发夹的……

4. 幼儿运用纸黏土装饰发夹，教师指导。
- 教师：老师准备了一些黑色的发夹，我们要用纸黏土来装饰。

- 教师：你玩过纸黏土吗？纸黏土是什么样的？像什么？（像油泥，软软的，可以塑造各种各样的造型）
- 教师：我们怎样用纸黏土装饰发夹呢？捏出什么装饰发夹？
- 教师：需要用到什么颜色的纸黏土？
- 教师：怎样让纸黏土变成你需要的造型呢？（团圆、搓长、压扁、叠加）
  （教师帮助幼儿将做好造型的纸黏土用热熔胶粘在发夹上）

5. 展示幼儿装饰好的发夹，师幼共同欣赏评价。
- 教师：说说你在发夹上装饰了什么？是怎么做的呢？先怎么样？再怎么样？

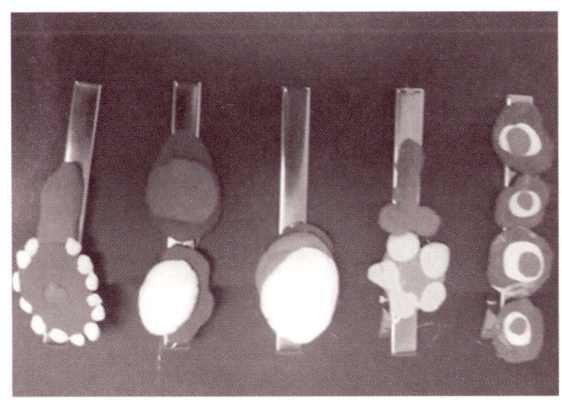
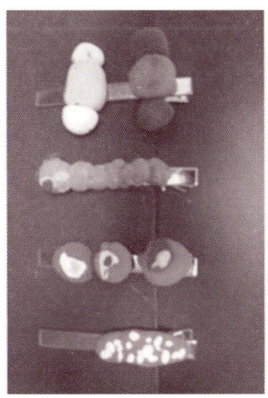
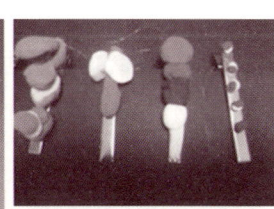
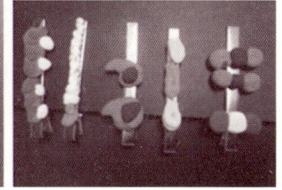

设计要点：
1. 发夹的图片和款式都是多种多样的，教师在筛选图片时需围绕活动目标进行筛选，既要选择精美的、颜色鲜艳的，又要选择适宜幼儿制作的图片，不宜太难，否则会降低幼儿参与活动的兴趣。
2. 由于纸黏土的颜色较多，教师只需提供3~4种给幼儿挑选即可，颜色太多反而会干扰幼儿制作。

▶ **教学建议**
- 区域活动：继续提供纸黏土、小珠子等材料制作各种夹子。
- 日常活动：将制作好的发夹进行展览，幼儿自由欣赏、交流。
- 游戏活动：将做好的发夹放在"小舞台"、"理发店"等游戏中装扮自己。
- 家园共育：和爸爸妈妈一起收集各种各样的发夹（实物、图片）。

活动 3　多彩太阳帽（制作）

▶ **活动目标**

1. 通过欣赏、比较和交流，了解太阳帽的造型特点和装饰方法，感受太阳帽造型和色彩的丰富，感受太阳帽装点出的夏日风情。
2. 在自我探索的基础上，尝试运用剪、贴的方法制作、装饰太阳帽。
3. 能细致、耐心地观察图示并会运用剪刀沿着线剪帽顶。

▶ **活动准备**

1. 经验准备：幼儿会沿着线剪纸。
2. 物质准备。
- 教具：各种太阳帽的图片PPT，太阳帽范样，制作帽子的图示，欢快的音乐。
- 学具：打孔器6个，长条形彩色卡纸（长40 cm、宽30 cm左右）以及扇形彩色卡纸（用于做帽顶、圆圆的帽身），用于做帽檐的圆形彩色卡纸（直径20 cm至30 cm），毛根，丝带，羽毛，大号彩色吸管，半成品（蝴蝶结、绢花、珠花、丝带花），剪刀，酒精胶或热熔胶。

▶ **活动过程**

1. 教师戴着太阳帽，引起幼儿欣赏和观察的兴趣。
- 教师：今天老师头上戴着什么呀？
- 教师：为什么要戴太阳帽呢？
- 教师：我戴的太阳帽是什么样子的？你还看过什么样的太阳帽？是什么颜色的，是什么形状的呢？
- 教师：戴上这些美丽的太阳帽，感觉怎么样？
2. 出示各种各样的太阳帽图片，帮助幼儿了解太阳帽造型和色彩的丰富。

- 教师：这里有许多好看的太阳帽，你喜欢哪一个？
- 教师：你喜欢的这个太阳帽是什么样子的？形状像什么？太阳帽上有哪些漂亮的装饰呢？
- 小结：太阳帽是各种各样的，颜色、形状和上面的装饰都不一样。炎热的夏天，大家戴上太阳帽，不仅遮住了强烈的阳光，也让我们更漂亮。

3. 幼儿制作、装饰太阳帽，教师观察指导。
- 教师：我们也来做一个太阳帽吧！

  （1）出示图示，讨论太阳帽的制作方法。
- 教师：这里有图示和用于制作太阳帽的剪刀、各种颜色的卡纸，你能看出太阳帽是怎么做的吗？
- 教师：帽子的帽顶是怎么做的？

  （教师出示太阳帽的范样，引导幼儿观察剪帽顶的方法）
- 教师：先干什么？（把卡纸对折）然后呢？（在卡纸中间剪出）
- 教师：剪刀要沿着什么地方剪？剪到什么地方为止？（教师示范）

  （2）师生共同讨论装饰太阳帽的方法。
- 教师：可以怎么装饰这个太阳帽呢？
- 教师：看看，这里有哪些材料？用这些材料怎么装饰太阳帽呢？怎样组合？怎样粘贴？
- 教师：毛根可以用来干什么？这些小挂坠可以挂在哪呢？
- 教师：我们可以在帽子的什么位置进行装饰呢？

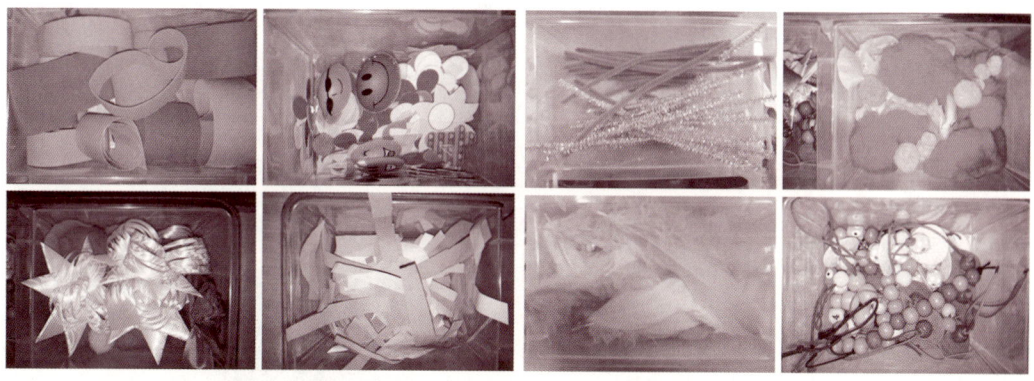

  （3）幼儿操作，教师巡回指导。

4. 展示、评价幼儿作品。
- 教师：你的太阳帽是什么样子的？你在上面装饰了什么？是怎么做的？

5. 延伸活动，幼儿戴着自己做好的太阳帽随着音乐跳舞。
- 教师：戴上我们做的太阳帽，我们一起跳舞吧！

▶ 教学建议
- 区域活动：在美工角提供颜料，尝试用涂鸦的方式装饰太阳帽。
- 日常活动：欣赏收集来的实物和图片，交流帽子上的装饰品。
- 游戏活动：集体玩音乐游戏"传帽子"。
- 家园共育：请家长帮助收集一些可以用来装饰帽子的半成品，例如：蝴蝶结、绢花等材料，以便幼儿在制作太阳帽的时候用到。

设计要点：

1. 此活动包含制作和装饰，量比较大，因此分两个课时开展：第一课时是制作太阳帽，尝试将平面的纸通过卷曲和粘贴制作成尖顶和圆顶的帽子；第二课时是装饰太阳帽，根据自己的喜好选择材料用粘贴、悬挂的方法进行装饰。
2. 制作课时教师只要提供一些生活中常见的太阳帽，基本结构只有帽顶和帽檐即可。在装饰课时教师可以给幼儿欣赏一些夸张、有趣的图片来激发幼儿大胆地装饰。
3. 在太阳帽的装饰环节中，材料按色系和材质分类摆放，幼儿便一目了然。
4. 无论在制作还是装饰之前，教师都要有意识地引导幼儿思考"自己要做什么样的帽子"、"会用到什么材料"、"先做什么、再做什么"，激发幼儿有目的、有计划地去做，培养幼儿的主动性和计划性。

活动4 时尚的眼镜（制作）

▶ 活动目标

1. 在观察、比较、交流和欣赏的基础上，了解眼镜的造型特点，感受眼镜独特的造型以及精美的装饰所营造的时尚感。
2. 学习对折剪的方法，在不断探索中，尝试用对折剪、组装、装饰等方法设计并制作一个时尚的眼镜框。
3. 戴上自己制作的时尚眼镜随乐走秀，体验活动过程带来的快乐。

▶ 活动准备

1. 经验准备：幼儿会沿着线剪纸。
2. 物质准备。
   - 教具：各种各样的眼镜实物及图片PPT。
   - 学具：各色泡沫纸（长20 cm、宽15 cm左右），彩色毛根35根，各种小贴纸，剪刀，水彩笔。

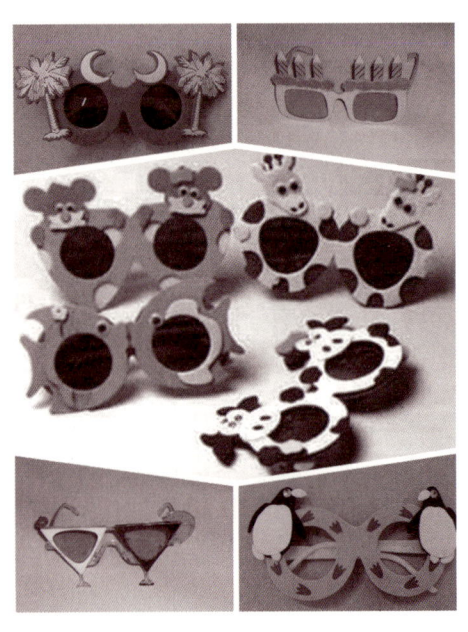

▶ 活动过程

1. 教师戴着眼镜，引起幼儿欣赏和观察的兴趣。
   - 教师：今天老师有没有变化？看上去感觉怎么样？我的眼镜是什么样的？
   - 教师：眼镜有哪些部分组成呢？（镜框、镜腿、镜片）
   - 教师：你还见过什么样的眼镜呢？
2. 欣赏各种各样的眼镜图片PPT，了解眼镜造型的丰富，感受眼镜精美的装饰所营造的时尚感。

- 教师：我这儿还有很多眼镜图片，你最喜欢哪副眼镜？
- 教师：人们为什么要设计这么多特别的眼镜？（把自己打扮得更时尚）

  （1）重点欣赏眼镜的造型。
- 教师：我们看到了那么多眼镜，你最喜欢哪一副，它是什么样子？像什么？
- 教师：这些眼镜的镜框和我们平时戴的眼镜一样吗？有什么变化呢？
- 教师：镜腿呢？有什么不一样？

  （2）重点欣赏眼镜的精美装饰。
- 教师：眼镜上还有哪些漂亮的装饰呢？这些装饰像什么？
- 教师：它们装饰在眼镜的什么地方？（镜框、镜腿）
- 教师：左边和右边的装饰一样吗？（对称）
- 小结：眼镜的造型特别多，但基本是左右对称的，一些眼镜做成了特别的造型，就像……还像……人们戴起来很有趣，眼镜上还会装饰花纹和图案，有……有……还有……它们会装饰在眼镜的不同位置，有的在眼镜框，有的在眼镜腿。

3. 幼儿制作、装饰眼镜框，教师观察指导。
- 教师：我们也来做一个有趣的眼镜吧！

  （1）出示材料，讨论、学习制作眼镜架的方法。
- 教师：看桌上有什么？可以用什么做眼镜架？（泡沫纸）眼镜的左边和右边怎样才能剪得一样？（对折剪，教师根据幼儿情况决定是否示范）
- 教师：用什么做眼镜腿？（毛根）
- 教师：眼镜框怎么和镜架连接？（教师示范串接的过程）
- 教师：怎样装饰你的眼镜？（绘画、粘贴）

（2）幼儿制作眼镜框。
- 教师：你想制作一个什么样的眼镜框？在上面装饰什么呢？装饰在眼镜的什么部位呢？准备用什么材料来制作呢？

4. 幼儿戴着自己的眼镜，相互欣赏和评价。
- 教师：除了自己的眼镜，你还喜欢谁的眼镜？他的眼镜框是什么样子的？
- 教师：上面有怎样的装饰？

5. 延伸活动，幼儿戴着自己做好的眼镜随着音乐跳舞。
- 教师：现在我们来秀一秀自己美丽的眼镜吧！

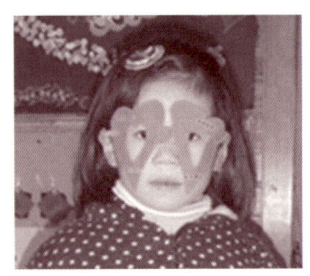

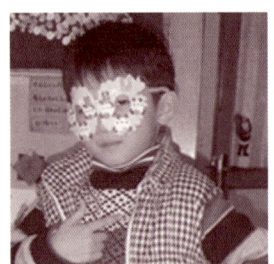

设计要点：此活动的难点是用对折以及掏空剪的方法剪出镜框。幼儿在设计镜框前，教师除了要引导幼儿设计出不同的眼镜造型，还要提醒幼儿注意镜框之间的距离，不能画得太长，否则最后戴上会不服帖。

教学建议

- 区域活动：在美工角提供各种材料，继续用其他材料制作、装饰眼镜。
- 日常活动：欣赏各种有趣的眼镜，并和同伴交流。
- 游戏活动：在创造性游戏中开设"小小眼镜店"的游戏。
- 家园共育：和爸爸妈妈一起收集有趣的眼镜（实物、图片）。

活动5 串珠手链（制作、装饰）

活动目标

1. 在不断探索中了解软陶珠的制作方法，尝试制作多个彩色软陶珠并将软陶珠与单色小珠有规律地串接起来。
2. 能够按需选取材料，制作完成后能将材料收拾干净。

活动准备

1. 经验准备：幼儿见过串珠手链的实物或图片，对串珠手链有一定的感性认识。
2. 物质准备。
   - 教具：串珠实物和图片PPT。
   - 学具：各色软陶，多个多种颜色的单色小珠，线绳，牙签。

▶ 活动过程

1. 教师出示串珠手链，引起幼儿欣赏和观察的兴趣。
- 教师：看看我手上戴着什么呀？好看吗？是什么样子的呢？
- 教师：手链上有多少珠子？它们一样吗？哪里不一样？（有的是彩色的，有的是单色的）你知道彩色的是什么珠子吗？是软陶珠哦，是老师自己做的哦！
- 教师：你还见过什么样的串珠手链呢？
2. 欣赏各种各样的串珠手链图片PPT，了解软陶串珠手链的丰富，感受精美的装饰所营造的时尚感。
- 教师：我这儿还有很多的手链，你最喜欢哪一条？它是什么样子的呢？
- 教师：戴上漂亮的手链，你的心情怎样？
- 教师：这些软陶珠很漂亮，有的样子很特别。你最喜欢哪一个，是什么样子的？像什么？
- 教师：手链上有彩色软陶珠也有单色的小木珠，它们是怎么被串成手链的呢？
- 教师：你能找到什么规律吗？

- 小结：串珠手链上的珠子串在一起都是有一定规律的，可以间隔，也可以对称。
3. 教师与幼儿一起讨论软陶串珠手链的制作方法。

    （1）讨论用软陶制作珠子的方法。
- 教师：看看桌子上有什么？有哪些颜色？
- 教师：今天我们要用软陶来做手链的珠子，你想做几个？做相同的还是不同的？
- 教师：可以怎么做？先做什么？（教师示范将小块的软陶搓圆）
- 教师：再做什么？（教师示范将彩色的软陶搓成小圆点或细线，放在搓好的珠子上，然后再搓，让彩色的小点或细线和珠子融为一体）
- 教师：牙签是用来做什么的呢？（为做好的软陶珠穿洞）
- 幼儿制作好软陶珠交给老师放到烤箱里加热定型。

    （2）讨论软陶珠和小彩珠的串接方法。
- 教师：看看桌上有什么？绳子是用来做什么的？
- 教师：软陶珠和单色小珠可以怎么排列？穿的时候要注意什么？

- 教师：我们学过打结，穿好后打上结。

  （3）幼儿尝试自己串接。

> **设计要点：**
> 1. 用软陶制作单色的珠子，孩子都会搓。因此活动重点是学习和讨论如何制作多个彩色的珠子。我们提炼了适合孩子制作且简单的方法——叠加，就是在搓好的单色珠子上加彩色小点点或小细线，再将彩点和细线状的软陶与单色珠子融在一起，效果很好。
> 2. 由于软陶制的珠子烤制、冷却需要至少6分钟，这段时间用来讨论如何串接、排列的方法等会比较适宜。

4. 展示、交流幼儿作品。
- 教师：你的手链是什么样子的？你是怎么做的？
- 教师：你是怎么把单色小珠和软陶珠串接在一起的？有什么规律呢？

▶ **教学建议**
- 区域活动：用软陶制作耳环等饰品或者一些小的工艺品。
- 日常活动：和同伴欣赏、交流收集到的手链。
- 游戏活动：在游戏"饰品店"中增添制作好的手链。
- 家园共育：和爸爸妈妈一起收集手链（实物、图片）。

活动6　好美的项链（设计、欣赏）

▶ **活动目标**

1. 通过观察、比较、交流和欣赏，了解项链的基本结构，感受吊坠流线的造型以及连体和谐的美。
2. 尝试用绘画的方式设计一串有吊坠的项链，能突出自己的创意和项链细节的描绘。

主题八 我们的饰品秀

▶ **活动准备**

1. 经验准备：幼儿见过项链，对项链有一定的感性认识。
2. 物质准备。
   - 教具：带吊坠的项链实物及图片PPT。
   - 学具：黑色水笔，A4大小彩纸。

▶ **活动过程**

1. 谈话，调动幼儿已有经验，感受项链式样的丰富。
   - 教师：你见过的项链是什么样子的？
2. 幼儿小组结伴欣赏实物项链，了解项链的基本结构。
   - 教师：每个小组的桌子上，有各种各样的项链，一起看一看，这些项链是什么样子的呢？项链上有哪些漂亮的装饰？（吊坠、珠子、链子）
3. 欣赏项链图片PPT，感受吊坠流线的造型以及连体和谐的美。

   （1）重点引导幼儿欣赏项链吊坠的造型。

   - 教师：你喜欢哪一条？这条项链是什么样的？
   - 教师：小熊、小花，还有像水滴一样的东西，你知道是项链的什么吗？
   - 小结：原来项链的坠子可以做成这么多有趣的东西，有的是大自然里的动物、植物，有的是生活中常见的东西（高跟鞋、酒瓶），有的是各种形状的……

   （2）重点欣赏项链的整体造型，感受项链的对称美。

   - 教师：这里的项链除了有个大大的坠子，还有什么？
   - 教师：这些吊坠旁边的串珠是什么样的？有什么不一样？
   - 教师：吊坠的左边和右边的串珠一样吗？数量一样吗？（数一数）大小一样吗？颜色呢？

3. 幼儿设计自己喜欢的项链，教师观察指导。
- 教师：你想设计一条什么样的吊坠项链？吊坠是什么样子？串珠呢？
- 教师：怎样用图形、线条来表现项链呢？

4. 展示幼儿设计的项链，相互欣赏和交流。
- 教师：你设计的项链是什么样的？

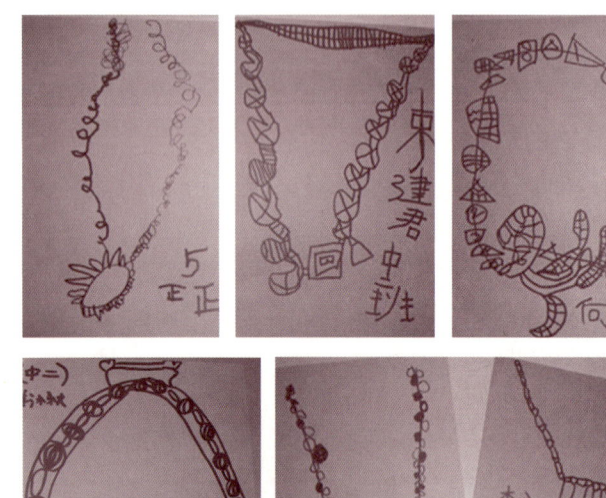
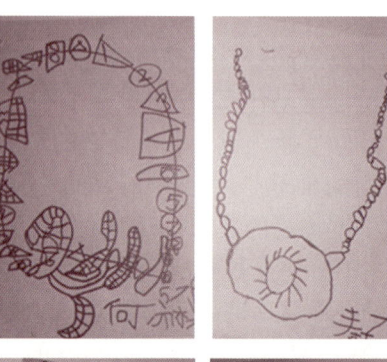
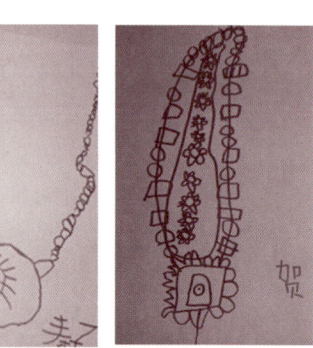
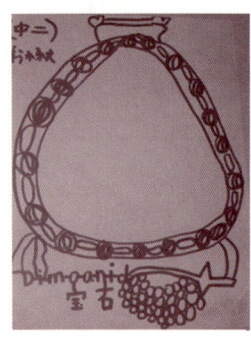

设计要点：此活动是在制作项链前的一节绘画活动，因为是在平面的纸上让幼儿进行绘画，欣赏的图片可以夸张一些、类型多一些，以激发幼儿的创造性思维。在欣赏、交流的过程中，让幼儿了解项链的基本结构，重点欣赏吊坠造型的多样以及感受项链的对称美，也是为下面的制作活动做好铺垫。

▶ **教学建议**
- 区域活动：在美工角提供蜡笔继续设计、装饰项链。
- 日常活动：学习用绳子打结，为后面制作项链做准备。
- 游戏活动：讨论如何制作自己设计的项链，需要用到哪些材料。
- 家园共育：家长和幼儿共同收集各种夸张、好看的项链。

活动 7 做串项链送妈妈（制作）

▶ **活动目标**

1. 通过观察、比较、交流和欣赏，进一步了解项链的造型特点，感受项链外形的独特和装饰的精美。
2. 迁移已有经验，尝试用团圆、压扁、搓长、拉伸、叠加等多种方法制作自己心仪的吊坠，并能用对称的方法将项链串接起来。
3. 能有序地拿放操作材料，能耐心、细致地制作和串接项链，养成良好的操作习惯。

▶ **活动准备**

1. 经验准备：幼儿对项链的结构、特点有一定的了解。
2. 物质准备。
   - 教具：各种项链的实物和图片PPT。
   - 学具：各色软陶，红色、黄色、蓝色、绿色单色小珠，剪好的四种颜色吸管若干节，线绳，烤箱，牙签。

▶ **活动过程**

1. 出示吊坠项链实物，回忆已有经验。
   - 教师：我们看过很多项链，也设计了自己的项链，这些项链中间都有什么？（吊坠）
2. 欣赏各种项链吊坠图片，感受项链吊坠造型、色彩和装饰的丰富。
   - 教师：你喜欢项链上的哪一个吊坠？
   - 教师：它是什么样子的？什么形状的？像什么？什么颜色的？上面有什么样的装饰花纹？
3. 教师与幼儿一起讨论制作软陶吊坠的方法。
   - 教师：妈妈的节日就快到了，今天我们做一串项链送给妈妈吧。

   （1）在迁移经验的过程中，学习用软陶制作吊坠的方法。
   - 教师：今天我们要用软陶来做吊坠，你想要做一个什么样的坠子？什么形状的？怎么做呢？
   - 教师：上次我们是怎么用软陶做珠子的？这次怎么用软陶来做吊坠呢？（把软陶搓圆，拉长或压扁、叠加、塑形）爱心形的吊坠怎么做？花朵形的呢？
   - 教师：谁会做小动物形状的？
   - 教师：牙签是用来做什么的呢？（穿洞）
   - 幼儿制作好吊坠后交给老师放到烤箱里加热定型。

   （2）讨论软陶吊坠和小珠的串接方法。
   - 教师：看看桌上有什么？绳子是用来做什么的？
   - 教师：吊坠和小珠、吸管怎样串接在一起？有什么办法把坠子串接在中间？
   - 教师：先穿什么？后穿什么？再穿什么？

- 教师：穿的时候要注意什么？（两边要对称）我们上次做手链的时候是怎么穿的？用了什么好办法，是怎么解决的？
- 教师：我们学过打结，穿好后打上结。

（3）幼儿尝试自己制作项链。

4. 展示幼儿制作的项链，相互交流幼儿作品。
- 教师：你做的项链的吊坠是什么样子的？你是怎么做的？在串接的时候是怎么穿的？用了什么好办法，穿得又快又好看？

设计要点：

1. 此活动分两个层次进行：一是制作项链吊坠，二是选择同一种颜色的珠子、吸管与吊坠进行串接。制作吊坠对幼儿来说没有难度，难点放在串接上，一定要要求对称地串，先让幼儿思考、讨论，最后提炼。
2. 由于中班幼儿在选材上缺乏计划性，在色彩等搭配上缺少经验，材料太多或颜色太多会对幼儿造成干扰。因此在选择搭配项链的材料上，只提供了小珠子和吸管，而且按颜色分好，幼儿可以选择一到两种自己喜欢的颜色搭配。提供的吸管是剪好的、相同长度的小段，将有点状的珠子和有细条状的吸管进行搭配，效果会更好。
3. 幼儿在串的过程中，会不小心把串好的散掉，教师可以提供小夹子让幼儿先夹住绳子的一端，再串另一端，避免因失误而耽误时间。

▶ **教学建议**
- 区域活动：在美工角用软陶制作耳环、发箍等其他饰品。
- 日常活动：布置"我们的饰品"展览，向同伴介绍自己做的项链。
- 游戏活动：用制作好的饰品布置"饰品店"游戏，开展买卖游戏。
- 家园共育：把自己制作的项链送给妈妈，和妈妈说一句祝福的话。

活动8 别具一格的腰带（制作）

▶ **活动目标**

1. 通过观察、比较、交流和欣赏，了解腰带的造型特点，感受腰带造型的丰富和风格迥异。
2. 了解多种材料的串接方法，尝试通过串接和适当的装饰制作自己喜欢的腰带。
3. 能根据自己的需要选取材料，不用的材料要放回原处，养成良好的操作习惯。

▶ **活动准备**

1. 经验准备：幼儿会串接手链、项链，知道什么是腰带。
2. 物质准备。
- 教具：制作好的腰带实物及图片PPT。

主题八 我们的饰品秀

- 学具：打孔器，回形针，毛根，绳子，彩珠，纺织布，泡沫纸，卡纸，剪刀，水彩笔，在区角制作好的小挂饰，丝带，半成品（蝴蝶结、丝带花、绒球等）。

▶ **活动过程**

1. 教师系着腰带，引发幼儿兴趣，感知腰带的造型特点。
   - 教师：看老师腰上系着什么呀？什么是腰带？腰带是系在哪里的？
   - 教师：老师系着的腰带是什么样子的？你还见过什么样子的腰带？
2. 欣赏各种腰带图片，感受腰带造型的丰富。
   - 教师：这里有许多腰带，你喜欢哪一个腰带？它是什么样子的？上面有什么样的装饰？像什么？你觉得这条腰带哪里最好看？
   - 小结：腰带是装饰在我们腰上的饰品，它和项链都是长长的，有的腰带是单层的，还有的是多层的，上面贴有很多好看的装饰，还有悬挂下来的装饰，有……有……

  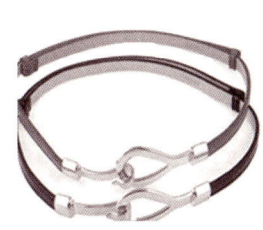 

3. 教师与幼儿一起讨论制作腰带的方法。
   - 教师：我们今天也来做条腰带，你想做一条什么样的腰带呢？怎样做呢？
   - 教师：怎么样才能把腰带做得长长的呢？（一个一个的材料串接）
   - 教师：看看这里有哪些材料？什么材料可以做长长的腰带？
   - 教师：什么可以做腰带上的装饰？
   - 教师：有没有你不认识的材料？
   - 教师：用这些卡纸和无纺布怎么装饰腰带呢？（用水彩笔在上面画好花纹进行裁剪）
   - 教师：这些丝带花、绒球可以用来干什么呢？
   - 教师：回形针可以干什么？怎么连接？
   - 教师：毛根呢？可以怎么用？谁愿意试一试？
   - 教师：多层的腰带怎么制作呢？可以用哪些材料帮助我们串接？
   - 教师：小挂坠怎样悬挂？
4. 幼儿自由探索制作长长的腰带并尝试自己串接。
   （1）鼓励幼儿创造性地使用桌面上的材料。
   （2）在幼儿有困难时，帮助幼儿，如打结等。
5. 展示、交流幼儿作品。
   - 教师：你做的腰带是什么样子的？你用了哪些材料？是怎么做的呢？

设计要点：
1. 腰带的制作分为两种，一种是在面状的纺织布上进行设计、剪裁、装饰；另一种是用串接、粘贴的方法将条状或链状的材料连接成腰带，再用悬挂的方法进行装饰。此活动是在制作眼镜、项链、太阳帽的基础上，积累了一定的制作技能和经验开展的。
2. 活动中提供的材料很多，都是可再加工、改造的材料，丰富的材料可激发幼儿的创造性。同时因为材料多，教师需将点状、线状、块状的材料分类摆放、提供。
3. 同一种材料可能会有多种方法装饰，如回形针、毛根、丝带，尽量多讨论这几种材料的使用方法，拓展幼儿的思维。

▶ **教学建议**
- 区域活动：继续学习运用回形针、毛根、圆环等材料串接的方法。
- 日常活动：与同伴共同欣赏、交流、介绍自己做的腰链。
- 游戏活动：在"小舞台"游戏中增添腰链，让幼儿系着腰链学习印度舞。
- 家园共育：爸爸妈妈一起用废旧、环保材料制作腰链。

活动9 我型我秀（亲子表演）

▶ **活动目标**
1. 能将自己制作的饰品穿戴整齐，随乐走台、摆造型，感受走秀活动带来的快乐。
2. 学习双人和多人表演的方法，尝试与父母、同伴一起合作表演。
3. 会收拾自己的表演服饰，养成良好的生活习惯。

▶ **活动准备**
1. 经验准备：幼儿观看过模特走秀的视频，和爸爸妈妈一起排练过走秀的动作和造型。
2. 物质准备。
- 教具：走秀的音乐（欢快、抒情等多种风格）。
- 学具：幼儿自己做的饰品（眼镜、帽子、发卡、手链、项链、腰链）。

▶ **活动过程**

1. 通过谈话调动幼儿、家长参与走秀活动的兴趣。
- 教师：最近我们制作了很多美丽的饰品，都有哪些呢？（发夹、太阳帽、眼镜、手链、项链、腰链）
- 这些饰品中，哪些是女生喜欢用的？哪些是男生可以用的？
- 今天我们就要以家庭为单位来展示这些美丽的饰品，每个家庭都要有模特儿和解说员共同向大家展示这些作品，这个模特可以是设计制作饰品的人，也可以是家庭中的其他成员，解说员也是。

2. 家长与幼儿以家庭为单位商量走秀过程中的分工情况，教师酌情指导。
   （1）鼓励家长积极参与，配合幼儿，以幼儿为主体参与活动。
   （2）帮助家长与幼儿一起商量介绍饰品的解说词。
   （3）帮助家长与幼儿一起佩戴饰品，对模特儿进行装扮。

3. 教师向家长和幼儿介绍亲子活动的场地及活动要求，教师主持。
- 教师：商量好了吗，模特儿准备好了吗？可以开始了吗？
- 观众们坐在周围，模特儿在教室中间进行展示。模特儿表演的时候，观众们要怎么样？（安静地看，不影响模特儿表演，不下位照相，鼓掌表示鼓励）
- 抬头挺胸，走直线，手自然摆动，亮相时要做一个定格的造型，让观众都能欣赏到我们制作的饰品。

4. 延伸活动，合影留念。

设计要点：此活动开展前的准备工作非常重要，如场地的安排、座位的摆放、音乐的选取。另外，还要请家长和幼儿在家中先进行准备、排练，活动的流程在开展前也要告知幼儿和家长，让大家都能够心中有数。对于胆小、害羞的幼儿要多些鼓励，激发他们对活动的兴趣和自信。

▶ **教学建议**
- 区域活动：在活动区角筹办自制饰品展示会。
- 日常活动：布置展览制作的饰品，与同伴欣赏、交流。
- 游戏活动：幼儿佩戴饰品在音乐角进行走秀的练习和表演。
- 家园共育：和爸爸妈妈一起商量模特儿、解说员的角色分工，为饰品走秀做准备。

主题评析

1. 在本主题活动中，我们根据幼儿的生活经验及技能水平，选择了适合中班幼儿的活动内容。在幼儿收集、欣赏饰品，了解各种饰品的外形特点后，在对各种材料的观察、熟悉的基础上，引导幼儿用软陶造型、材料串接、饰品装饰等多种方法来制作不同的饰品。

2. 主题的开展丰富了幼儿关于饰品的经验和审美体验，使幼儿在动手能力、想象力、创造力等方面得到了发展，自信心也得到了提高。

（1）丰富且适宜的材料，激发了幼儿的制作欲望和创造力。

在提供材料时要根据颜色、类别分组提供，装饰的材料要和饰品主体易搭配，看上去协调，幼儿也容易制作成功。如"太阳帽"的装饰活动中，我们按不同的色系将材料分成四组，每一组都有5~6种不同的材料，可以贴、可以挂，给了幼儿创造的空间，幼儿也能按需取材，做出来的帽子各有各的风格，幼儿非常有成就感。

（2）具有审美性和启发性的图片，激发了幼儿的想象力和创造力，提高了幼儿的审美能力。在组织每一个活动前我们都会筛选适宜幼儿学习且富有美感的图片让幼儿欣赏，用美的图片启发幼儿观察、想象、创造，使幼儿充分感受美进而创造美。

3. 在主题活动开展的过程中教师也得到了发展，我们深深地体会到：在制作活动中，教师只有多从幼儿的角度和发展水平考虑，从幼儿已有经验出发，对工具材料进行充分的思考和尝试，活动才能开展成功，从而促进幼儿的发展。

（1）我们对每一个活动中制作材料的选择和提供都进行了思考。首先，材料要适合本主题，是为主题服务的；其次，材料要适合本班幼儿操作，既要简单又能吸引幼儿，如幼儿常见的回形针、彩色的吸管、小挂坠、泡沫纸、毛根等，都能更好地激发幼儿主动了解、熟悉和使用这些材料。

（2）我们还利用区角活动的时间让幼儿充分感知、熟悉、使用各种工具材料，不断积累经验，提高技能。分阶段提供不同的工具和材料让幼儿练习，如剪纸、使用双面胶、穿回形针、使用打孔器等。幼儿只有掌握了一定的技能技巧，充分地运用工具材料，才能更好地创造。